subculture

炫目与自恋

陈一 著

苏州大学出版社

图书在版编目(CIP)数据

拍客：炫目与自恋 / 陈一著. —苏州：苏州大学出版社，2012.5
(新媒介与青年亚文化 / 马中红主编)
ISBN 978-7-5672-0028-9

Ⅰ.①拍… Ⅱ.①陈… Ⅲ.①青年—亚文化—研究 Ⅳ.①C913.5

中国版本图书馆 CIP 数据核字(2012)第 070715 号

拍客 炫目与自恋

著　　者　陈　一
丛书策划　沈海牧　李寿春
责任编辑　巫　洁
装帧设计　吴　钰
出版发行　苏州大学出版社
地　　址　苏州市十梓街 1 号
邮　　编　215006
电　　话　0512-65225020　65222617(传真)
网　　址　http://www.sudapress.com
印　　刷　南通印刷总厂有限公司
开　　本　700 mm×1 000 mm　1/16　印张 12　字数 148 千
版　　次　2012 年 5 月第 1 版
　　　　　2012 年 5 月第 1 次印刷
书　　号　ISBN 978-7-5672-0028-9
定　　价　28.00 元

总序

青年亚文化作为一种普遍而又独特的文化现象，是人类社会文化结构中必然的不可或缺的组成部分。相对于主流文化，青年一代的文化以其青春性、多变性和挑战性的特性有别于位居社会主体的成人文化；而相对于基本认同主流价值的青年文化，青年亚文化则具有非主流、边缘性的“亚”文化或“次”文化特征。事实上，青年亚文化是一种世界性的青春文化现象，就其实质而言，它所反映的是成人世界与青春世界、父辈一代与子一代之间那种永恒的矛盾和张力关系。尽管在不同的时空语境下，这对关系往往以不同的方式表现出来，譬如反抗、冲突、偏离、协商、另类，等等，但是，它所呈现的那种青春期的迷惘、矛盾、寻觅冲动以及身份认同的困扰始终是青年亚文化的历史宿命，无论社会的意识形态如何统一和强大，这类青年亚文化或多或少总会以某些方式表现出来。

在中国现代文化史上，诸如“五四”青年文化运动、“一二·九”风暴，甚至红卫兵运动，都在一定程度和某个侧面显现了那个时代的青年亚文化症候。但就整体而言，一直到 20 世纪 80 年代之前，现代中国的青年文化更多的还是以认同和追随主流文化、成人文化的方式出现，那种典型的具有世界普遍性的青年亚文化现象并不突出。但是，伴随着改革开放和中国与世界文化的接轨，在短短 30 年的时间里，中国青年亚文化发生了巨大变化，时至今日，已经成了当代中国青年文化的重要组成部分。

如果说,20 世纪 80 年代初的青年亚文化从备受压制到浮出地表,在传统的媒介语境中以各种个性化的另类形象出现和发展,并得到社会的理解和宽容,主要是得益于经济体制转轨和思想解放运动,那么,进入 21 世纪的今天,青年亚文化的发展则在很大程度上有赖于以互联网为标志的信息技术革命,是突飞猛进的科学技术对青年日常生活的渗透和全球化的必然结果。如今,80 年代形成的第一波青年亚文化族群/类型已成为追忆中的昔日辉煌,而新媒介支持下的今日青年亚文化才刚刚拉开序幕。但令人震撼的是,新媒介对当今青年亚文化的影响,无论是在力度上还是在广度上都已远远超出了媒介技术的层面,进而关涉到当代中国青年亚文化特质的变异及其走向,故而特别引人瞩目。

一

从文化赖以生存的媒介和技术环境方面看,当下以互联网为核心的新媒介对社会文化生态的全方位渗透,开始明显地推动今日中国的整体文化向着开放、民主和文化多元的方向转变,同时整体文化的存在形态也在向“数字化生存”方向转向。新媒介不仅为传统文化类型的“转型”提供了广阔的空间,而且催生了一系列新的文化类型,其中,青年亚文化是最为突出的景观。当各种各样的“客”,例如博客、播客、闪客、换客等轮番上场,当各种“社区”“论坛”喧闹于网上,当 IM(即时通信工具)、SNS(社交网络服务)、微博备受青睐,当网上购物成为风潮,当“搜索”“自拍”“黑客”等所有这些网络技术和文化实践成为青年亚文化习以为常的社会参与及其表达方式时,青年群体正在演绎和展示着的,是一个完全不同于以往的“虚拟现实”。可以这么说,网络媒介为中国当代各种青年亚文化的外来接受,本土生成发展和迅速传播提供了前所未有的开放式、无边界、多媒介的物理空间和相对平等、自由、开放的精神空间。如今，新媒介已经成了中国青年亚文化生长的肥沃良田和迅猛扩张的异度空间，成为新型青年亚文化传播的利器和青年一代寻找志同道合者、建构文化族群和部落的文化场域。

网络媒介的全面立体覆盖、低廉成本及使用的便捷，使中国大量青年群体的日常行为和生活方式与网络媒介牢固地绑定在一起，网络成为了他们的“良师益友”和“亲密伙伴”，有的甚至发展到须臾不能离开。一项由美国互联网公司 IAC(Inter Active Corp)和智威汤逊(J. Walter Thompson)广告公司合作，用双语进行的调查研究发现，与美国青年相比较，中国青年更依赖于数字技术，有 80%的中国青年认为数字技术是自己生活的必要组成部分，其中 42%的人觉得自己“上网成瘾”，而美国青年中持这种想法的则分别为 68%和 18%。与此同时，该调查还发现，网络在中国青年人的社会生活和情感世界中扮演着极为重要的角色。77%的受访者说，他们通过网络交友；54%的人表示他们曾经通过网络即时信息进行约会；63%的人认为，两个人即使永不见面，也可能在网络上建立起真实的关系。而在美国青年人中，相信网络情感真实性的只占 21%。这一新的媒介语境及生存方式，的确为社会转型时代的中国青年亚文化的创建和发展提供了一个全新的生存空间和表现舞台，中国青年亚文化在经历了“文革”时期的“地下活动”和改革之初的“地表活动”之后，终于被媒介技术的推手带入了“无限活动”的新阶段。当下，青年亚文化作为被互联网率先激活的文化类型，已借助新媒介全方位启动了自身的文化建设，并且情不自禁地成为文化与技术深度联姻的实验产品。

而从青年亚文化自身的交流系统来看，一方面，新媒介正在历史性地改写着青年亚文化与主流文化之间的关系；另一方面，新媒介对青年亚文化构成要素的技术重组和创建，催生了新型的表达方式。

以伯明翰学派为代表的传统青年亚文化理论基本上是先验地预设了青年亚文化对主流文化的抵抗性和依存性的双重特性。譬如，科恩对伦敦东区工人阶级子弟的研究揭示，青年亚文化对工人阶级母体文化表现出表面的拒绝或反抗，却又有内在的依存和继承。威利斯对嬉皮士青年亚文化的研究表明，青年亚文化与中产阶级文化之间始终存在一种“结构性对立关系”。克拉克依据对特迪文化的深入研究也发现，“亚文化作为一种非官方的文化形式，拼贴所产生的亚文化风格的意义就必然处于和统治阶级意识形态相对立的地位”。诸如此类的“抵抗”观和“依存”观诞生于前互联网时代，研究的是现实世界中的青年亚文化实践活动，而以此观点来观照和解读新媒介时代的青年亚文化，难免捉襟见肘，力不从心。新媒介时代的青年亚文化，往往更长于表征似乎完全属于自我化或虚拟化的感性世界，而不是公然地“抵抗”现实间存在的文化形态，更不愿意与父辈或权威文化发生正面的“冲突”；它们不仅抹去了横亘在主流和非主流之间的森严界限，隔断了主体与现实之间的人文关注，而且有时候还经常颠倒真实与虚拟的逻辑关系，将真实虚拟化、虚拟真实化。

我们必须意识到的是，出生并成长于网络时代的青少年群体，天生就与网络、手机等新媒介结缘，他们通过新媒介接受的信息和文化远远多于传统主流渠道，如大众传播媒介、学校教育、父辈传承。传统主流渠道对他们精神成长的影响或许将日趋式微。与此同时，他们通过琳琅满目的新技术和新媒介产品，如 iPad、智能手机、微博、社交网络、视频分享网站、在线游戏等，畅通地传递着自己创造的文化，在信息传播、交友、玩耍和自我表达的世界中追求自治与认同。于是，青年亚文化的实践活动最终成为一种自我宣泄、自我表现、自我满足的技术方式和文化意义，网络媒介的开放性、无中心性消解了现实世界中权威、主流、父辈等对青年加以掌控的可能性，或者说，网络媒介为青年亚文化的生成、发展提供了最为自由、宽松的逃避主流文化压抑的“庇护所”。

在青年亚文化构成要素的技术重组和创建方面，网络媒介以“数据”“图像”“多媒介视频”的技术特质为基础，创建了一个互动、复制、仿真和拟像的世界，一个全然不同于以往的世界。正如鲍德里亚所言，在模型、符码、符号建构的类像世界里，模型和真实之间的差别被销蚀，形象与真实之间的界限被内爆，人们从前对真实的那种体验以及真实的基础也一起宣告消失。新媒介的技术特征正在将众多非自然的、非真实的事项、文化和意义成分引入赛博空间，并且运用超文本或者超媒介的技术，为青年亚文化与外部现实世界的断裂创造出了一种“自然”的表现空间，遮蔽了人与现实真实关系的呈现，促成了青年亚文化表达方式的图像化转型。如此，即使在中国这样一个传统文化与现代、后现代多元文化并存的国度里，人与其创造出来的各种社会文化意蕴之间，也同样不再是传统媒介时代那种明晰的主客关联关系，或文化符号与现实世界的直接对应关系了，而是更多地通过图像符号的表征系统去消解原有的话语体系，用多媒介符号去解构既存的文化类型和文化理念。

在这种社会和技术语境条件下，中国当代青年亚文化便以空前活跃的姿态走上了网络空间的前台，而使传统意义上的青年亚文化类型迅速移位于后台，蜕变成了所谓前新媒介时代的过气文化遗存。如果说，新媒介、新技术果真如麦克卢汉所说的那样“构成了社会机体的集体大手术”，那么，毫无疑问，青年群体是这种大手术的率先操刀者。他们张开双臂，热情扑向新媒介，并借助新媒介、新技术来创造出属于自身的新的文化样式，青年亚文化在以互联网为基础的新媒介的激发下，正在如火如荼地燃烧。

二

以互联网为主体的新媒介对青年亚文化发展的影响力比此前几乎所有的媒介都要广泛、深刻和迅捷得多——这不仅包括影响到青年亚文化的多样性和传播方式，也包括它所提供的亚文化文本的存在形式和功能模式，还有亚文化生存、生长的整个生态环境和文化语境，这些都促成了青年亚文化的盛行。

首先，借助网络媒介的快速成长和迅捷普及，青年亚文化已经从相对封闭的“小众团体”走向开放的“普泛化”的整体青年社会。以计算机网络为代表的数字媒介，从开发之初就预设了兼容和平权的机制，技术的“傻瓜化”强化了“网络世界人人平等”的可操控性，而友好的计算机界面和人性化的网络空间，模糊了现实社会中身份、性别、收入、学历所带来的多重差异，最大限度地吸纳青少年群体的加入，激发了社会不同阶层青年群体参与文化创造的热情，从而让亚文化从传统的另类、小团体模式中突围而出，成为青年群体共同参与、共同分享的文化。与此同时，网络、手机等新媒介的普及以及信息资费的低廉化趋势，冲破了青少年使用新媒介的经济壁垒，更提供了亚文化生产、传播和共享的“普泛化”和“即时性”的媒介工具。

这里所谓由“小众”走向“普泛”，其实质就是使青年亚文化的话语权回归青年本体，尤其是将青年的媒介话语权交还给青年阶层。长期以来，青年是被基于成人价值观和世界观所建构的成人文化话语来强行描述，而不是由青年自己的语言来编码的。比如，芝加哥学派关注的工人阶级青年亚文化，伯明翰学派聚焦的中产阶级青年亚文化，以及对中国 20 世纪 80 年代以来的摇滚和地下纪录片的研究等，这些青年亚文化的研究，尽管也突出了青少年边缘化的问题，但由于研究者基本上是来自于中产阶级的成人学者，因此，他们难免将青少年群体传奇化，并且忽略那些真正意义上的“普通孩子”，从而使青年亚文化生产和传播被不同程度地圈定在某个阶层或者某个文化小圈子之内。同时，由这些成人学者的话语出发，青年亚文化往往被贴上类似这样的流行标签：主流派、非主流派、危险人物，等等。然而，网络技术传播重构的新公共空间却能够向几乎所有的青年群体，甚至向游离于亚文化圈子之外的青年人群开启，从而确立了青年亚文化的普泛化存在和传播。尽管目前网络青年群体基本上还囿于“都市青年”“知识青年”，但也不乏“低知分子”和“打工族”，可以说，网络媒介青年亚文化的普泛化趋势是青年亚文化的一大进步，也是青年群体文化创造力的一次解放。这种由青年群体广泛参与的青年亚文化的意义，还在于它削弱了传统媒介镜像下和主流意识形态话语中关于青年亚文化的“道德恐慌”评价和“妖魔化”的叙述，也溢出了基于意识形态对抗和阶级斗争理论而对青年亚文化的界说和肯定，它们在更大的程度上是通过新媒介技术而自我界定、自我指涉并直接呈现，从而具有更多属于青年亚文化主体的言说权利。而这一事实当然也“逼迫”着青年亚文化主体言说之外的亚文化理论进行调适和修正。

其次，青年群体通过熟谙地使用新的媒介技术为自身赢得了更为广阔和自由的“书写”空间。比如，网络媒介所特有的虚拟性和匿名性，就为青年亚文化提供了表达的自由通路，而自由表达则始终是青年亚文化得以生产和传播的基本前提，它可以使青年据此克服青春期的怯弱、羞涩、拘谨和不成熟忧虑，不忌惮来自成人世界的监视和压抑，充分自由地去表达自我。毫无疑问，是新媒介为青年亚文化插上了自由的翅膀，为亚文化充分地享受自由、表达自由提供了无人可阻挡的强劲动力和安全表达平台。

再次，青年亚文化通过新媒介技术的多媒介、多兼容、多互动的诸种特性，突破了传统亚文化风格的表达惯例，获得了更自如的、多样化的表达方式，从而形成了独特的青年亚文化风格。在新媒介中，那些新的技术呈现和表达方式，比如，媒介由语言文字符号、声音符号和影像符号向综合的数字符号转变，致使文化的表达突破了对单一媒介的依赖，实现了青年亚文化表征符号的“脱胎换骨”。传统意义上亚文化的“符号”，主要体现在青年们的衣着方式、独特的言行风格以及所喜欢的音乐类型等方面。如赫伯迪格笔下的朋克族，“额上的卷发和皮夹克、小羊皮软底男鞋和尖头皮鞋、橡胶底帆布鞋和帕卡雨衣、摩登族的平头和光头仔的步伐、紧身瘦腿和色彩鲜艳的袜子、紧身短夹克和笨重的街斗钉靴，这乱糟糟的一切物体能够既‘各就各位’，又显得‘不合时宜’，这多亏有了惊世骇俗的黏合剂——安全别针与塑料衣、既令人畏惧又让人着迷的缚皮带与绳索”。而当下的青年亚文化主体却压根并不希冀借助这些出格的外在“行头”来表达亚文化的“风格”和意义，他们更青睐于使用网络媒介所带来的新技术手段和技术装置去表情达意，而将真实的主体形象以匿名的方式掩藏在赛博空间里。除了通过风格化的音乐表达自我外，更多的技术和手段随着网络媒介的发展被不断开发和利用，如 Flash 动画、在线游戏、动态相册、多媒介视频软件以及 MSN、QQ 等在线聊天工具、Twitter 和微博、搜索技术等。掌握这些技术的青年人不再拘泥于某一种表达方式，而是杂糅了文字、图像、影像、声音等多媒介手段，轻松自如地参与到亚文化的生产和传播中。

最后，与上一点密切相关的是，青年亚文化的文化类型也迅疾由单一走向多元，致使基于网络新媒介技术的青年亚文化类型层出不穷、此消彼长。当下，网络媒介上盛行的自拍文化、恶搞文化、迷文化、搜索文化、黑客文化、御宅族文化、游戏文化、同人女文化、Cosplay 文化等，无不寄生于网络，活跃于网络。而掌握了新媒介技术的一代青年人甚至以网络技术为“武器”，在自我与成人世界之间筑起一道自我保护的“高墙”。这种通过技术壁垒逃避和主动隔绝主流意识形态以及成人世界的文化钳制，在虚拟“高墙”之内演绎别样人生的青年文化态势，只有在网络技术时代才得以成为现实。

另外，新媒介的发展也促成了青年亚文化传播方式的根本改变。其中最突出的，是由单向传播转换成多向交互式传播，由滞后性传播转换成即时性传播，除此之外，青年亚文化实践活动和文本内容的便捷上传、下载和在线生成，传播者和受众角色的合成及互为转换，虚拟空间与现实社会的互动聚合，均从物质、时间、空间、技术等多方面突破了原有的社会和技术性藩篱，真正在青年亚文化中间实现了几乎是无障碍的传播。

三

毫无疑问，上述新媒介语境下形成的青年亚文化的存在和传播方式，已经赋予青年亚文化崭新的文化实践意义，其中，最典型的莫过于青年亚文化“抵抗”精神的弱化乃至失落，以及亚文化自身多样化与娱乐化、全球化与消费主义的特质，这些导致青年亚文化步入极具后现代特征的“后亚文化”时代。

一如鲍德里亚、利奥塔、哈维等声称的那样，后现代文化的一个重要特征是资本在全球范围内更深层次的渗透和均质化。这些过程同时也产生了更进一步的文化碎裂、时空经验的改变以及经验、主体性和文化的新形式。换言之，网络媒介的无深度感、暂时性、分裂性和全球化特征，促使在其基础上生成和传播的青年亚文化不再可能抵抗任何单一的政治体系、主流阶级和成年文化，他们甚至不同程度地弱化了这一文化的某些“抵抗”的特质。因此，如果依然在反抗/抵抗的层面上去认识网络媒介下的青年亚文化，便显得圆凿方枘、扞格不通了，因为我们所处的世界早已发生“裂变”，二元对立和某一主流文化始终居高临下的观念也已被多元文化观念所取代。

我们看到，新媒介语境中的青年亚文化特质，在传统的“阶级”和“年龄”之外，其可变因素也呈现出空前的多元性和复杂性，诸如身体、性别、种族、民族、时尚、图像等关键词，不断进入当代青年亚文化的内核和意义场域。也就是说，新媒介催生出的青年亚文化已经不再单单囿于某种风格鲜明而固化的文化类型，相反，许多特征明显不同的青年亚文化类型共时性地陆续呈现，甚至此起彼伏，随着时间的流逝，它们不断出现、繁盛，进而消失，终而复始，生生不息。青年人也不再仅仅将自己执着地归属于某一种亚文化类型，他们经常从一种亚文化类型转向另一种亚文化类型，或者同时属于几种亚文化类型，实际上建立起了法国社会学家米歇尔·马菲索里所说的“新部落”，即社会群体之间的识别不再依赖于阶层、性别和宗教等传统的结构因素，消费方式成为个人创造当代社交以及小规模社会群体的新形式，“新部落没有我们熟悉的组织形式的硬性标准，它更多地是指一种气氛，一种意识状态，并且是通过促进外貌和‘形式’的生活方式来完美呈现的”。这种新社交方式鼓励个人以不同的角色、性别、身份自由地参与多个流动的、临时的、分散的而非固定的部落，从而在部落之间动态地、灵活地定位自我。

事实上，不同阶层、教育、社会环境中的青年人总是分属于各种明显不同的群体，他们在观念、价值观和意识形态上都有着极大的差异性、多样性和异质性。恰如有着中国和加拿大双重血统的学者卢克所指出的，在后现代时期成长的青年，“大约要经历 16 到 18 个不同的世界……这就像是在不同文本的海洋里航行一样。每一个文本都试图将你定位、出卖你、定义你”，这样的青年亚文化样本和青年亚文化族群，在网络媒介时代，不仅出现在传统的亚文化音乐生产中，也频繁出现在听觉和视觉技术，譬如电影、影像、电视、数码、广告、流行文化中，所有这些媒介生产及其产品都渗透和塑造了青年亚文化的面貌，从而勾勒出“万花筒”般的青年亚文化面貌，正如默克罗比所评述的那样，“对表层的关注越来越彰显，意义被炫示为一种有意为之的表层现象”。

在这样的情境下，“抵抗”既模糊了着力的对象，也失去了明确的方向，娱乐的特性则得以放大。网络文学由“寓教于乐”转向“自娱娱人”，网络视频聚焦重心由“艺术作品”转向“现场直录”，网络语言由“精致合规”转向“生造逗乐”，网络图像被技术率性 PS，甚至，一切传统、经典、权威、主流的话语、作品和表达都面临随时被颠覆和解构的命运。一代青年对待权威的方式并不是公然抵抗和反对，而是采用拼贴、戏仿、揶揄、反讽的手段对其尽情调侃和讥刺，同时获取自我愉悦和狂欢。恶搞亚文化是最典型的范例，而其他在新媒介平台上活跃的文化类型，也无不充满着这种自娱自乐和无厘头的色彩。尽管这种娱乐化的过程往往不可避免地指向空洞和无意义，但是，我们必须看到，其对所谓主流、经典、权威的解构，依然凸显出文化心理的意义向度，那就是释放激情、缓解焦虑、宣泄不满、寻找自我以及个体和群体身份的认同。也因此，或可以说，新媒介语境下的亚文化在弱化了抵抗色彩和精神的同时，将抵抗的意义稀释于娱乐化的表达之中。

新媒介语境下的青年亚文化除了具有弱化抵抗、多元发展自身文化和偏重娱乐化的特质外，还显现出向全球化与消费主义妥协的趋向。贝斯利认为，处在晚期资本主义之后的后工业化社会中，有两大特征影响青年亚文化的生长和传播，“一是被跨国公司而不是被单一国家影响和主导的消费社会，另一个是被信息技术、媒介和服务行业而不是被旧制造业赋予特征的全球化社会”。众多跨国组织，包括微软、苹果、可口可乐、时代华纳等跨国企业，世界银行、联合国等国际政府组织以及绿色和平等非政府组织（NGOs）都在带动全球化进程，使诸如全球市场、商品化、消费、互联网、国际时装等日渐互相关联，甚至可能转向全球通用。与此同时，多元文化之间的差别和冲突在全球化进程中非但没有被抹平，相反，其因为交流的便利而变得愈益突出。然而，明显悖论的是，被企业控制的新媒介技术同时为弱势群体和个人提供了成本低廉、方便易得的传播场所，给了他们表达自己声音的极大机会。在网络新媒介世界中，谷歌、百度、MSN，QQ，Twitter，人人网、豆瓣、优酷在全球资本、商业利益和中国经济市场化、开放化的驱动下，为持有一台电脑及上网设备的或拥有一台联网手机的所有青少年人群提供了原创或传播自身文化信息的可能。同时，众多跨国企业还处心积虑地将青年群体视为最完美的消费者，他们从市场缝隙、人口和心理特征、生活方式等全方位地对青少年加以细分，如叛逆者、“80后”、“90后”、网购族、冲浪迷、背包族等，并着眼于这些团体成员的多重文化身份、欲望需求及购买能力，有预谋地、积极地去培养他们特定的消费习惯和价值观念，从而建构起庞大的青少年消费市场。

今天的青少年更多是通过消费和市场层面而不是传统渠道，如家庭、组织、学校来发现他们的身份和价值。其中，最典型的莫过于跨国公司在他们持续不断的广告运动中将消费身份和消费观念以各种炫目的手法植入青少年的认知和价值观中，从而消弭青年人在种族、阶级和性别上的区别，取而代之以时尚的风格、新的性别角色、新的认同、新的文化实践、新的家庭格局和新的社会团体，等等。事实上，今天的青年亚文化通过互联网络等新媒介的确能够更容易地了解外部文化，全球化的趋势也模糊了他们建立在不同国家、阶层、地域乃至性别基础上的青年亚文化特征。如果无视这一变化，我们将很难深入而准确地把握当今青年亚文化的本质。

四

新媒介技术促成的当代青年亚文化的盛行，意味着青年亚文化身份的“与时俱进”。但需要继续追问的是，新媒介语境中的青年亚文化能否真正延伸成为与主流文化交相辉映、互生互长的文化类型？新的青年亚文化能否为全社会的文化整合、文化调节与文化优化提供良性因子，从而有助于社会在追求民主、和谐中健康前行？

在某种意义上，青年亚文化似乎总是作为社会主流文化中的一种不和谐音而为世人感知，作为一种偏离常规的乱象而令世人侧目。新媒介语境下的青年亚文化也是如此，它每每引发社会的“道德恐慌”，它往往印证着“娱乐至死”的担忧，它总是以个人主义的张狂稀释着各种集体性的凝聚力，它还可能在疏离、越轨、颠覆的行为中，破坏规范，陷入意义的虚无……所有这些，昭示着文化的断裂、社会的失序，也呼唤着文化的调整。但是，所有这些如果仅仅将其作为对青年亚文化的指控，那便忽略了一个富有积极意义的观察视角——将青年亚文化置于文化整体构成及其变迁之中加以观察。

一个显而易见的媒介文化图景是，新媒介点对点传播、传受互动乃至传受合一的特性，都可能使同质青年亚文化的呈现强度加大加密，又使不同类型青年亚文化之间的交流、相融、再生更加便利。如此，多样化的青年亚文化不但丰富了新媒介自身的信息内容，也促使传统媒介和主流文化无法忽视网络上众多的亚文化实践及其文化符号和文化意义。事实上,网络虚拟空间中的青年亚文化实践活动正在成为传统媒介跟踪、聚焦、报道的重要内容。青年亚文化已经陆续登堂入室,进入主流媒介视野,引发主流媒介关注。仅以近两年为例,人肉搜索、网络雷词、山寨春晚、贾君鹏事件、犀利哥等亚文化现象,无不是经由传统媒介介入传播后成为影响整个社会的文化事件。同时,这些亚文化事件得以传播,也拓宽了传统主流媒介的传播口径,从而拓展了主流文化关于民主和宽容的理念。

不仅如此,新媒介语境下的青年亚文化实践,可能激发对主流文化的重新审视,丰富其内蕴,甚至促成新的文化整合。年轻人出于对动漫、游戏和卡通的痴迷,自制道具和服装,扮演自己喜爱的人物。这本是一种私下的个体的娱乐活动,随着国家产业结构的调整,文化创意产业被提上议事日程,Cosplay也因此被整合进动漫产业链中,成为重要的内容之一。可以说,新媒介为青年亚文化新的生存方式提供了可能,它们既在网络世界兴盛并影响主流媒介、主流社会、主流人群乃至主流意识形态,同时,也在与主流媒介和主流文化的协调整合中进入主流,壮大自身。更进一步而言,这实际上涉及未来文化的可能性,即青年亚文化为文化的未来发展提供最初的动力、灵感和实验。现在我们可以说,个人计算机的使用绝对是一种主流的技术文化,但是,许多人恐怕忘了,这一计算机文化却是肇始于乔布斯等人当年充满理想色彩的黑客亚文化实践。

正是在这样的意义上,自2005年起,我们高度而密切地关注新媒介语境下产生的一系列青年亚文化现象,并在2008年国家社科基金立项的基础上,对此展开全方位的理论和文化实践类型研究。本套丛书所收录的“迷”“恶搞”“黑客”“御宅”“拍客”“网游”及“Cosplay”仅是青年亚文化中最为活跃、影响颇大的几种类型而已，不足以代表所有的青年亚文化，但借此研究我们希望唤起主流社会和大众媒介、传播和文化研究的学者乃至全社会的高度重视，希望大家能抱着平等而非俯视、理解而非误解、尊重而非排斥的态度，与青年成为朋友，真正洞察他们之后，再因势利导，而非先入为主，树敌在先。青年是未来，谁赢得青年，谁就赢得未来。与此同时，我们也渴望这些亚文化实践的主体人群能从我们的研究中有所得益，能透过好玩、消遣、娱乐的表象，认识到自身的文化实践对于自我、群体以及社会的意义和影响，从而保持源源不断的创造性和先锋性，以青年群体特有的方式，积极构建与主流文化的沟通和对话，为我们这个时代的文化创造和转型提供更多元的文化资源，为开放的文化生态贡献力量。

本丛书发起之初即得到苏州大学出版社原总编辑、现任清华大学出版社总编辑吴培华先生的高度重视，他参与了提纲讨论、书名斟酌、初稿审议等多次会议，为尚处于边缘状态的青年亚文化研究提供了良好的平台。丛书得以顺利进行，还得到苏州大学出版社副总编辑沈海牧先生和项目负责人李寿春女士的鼎力支持，他们以编者和读者的双重视野不厌其烦地审读书稿，提出了良多宝贵的修订意见。

本丛书编撰过程中，我们还在研究生和本科生中发起、组织了围绕“新媒介与青年亚文化”的两个系列学术活动，即“亚文化沙龙”和“读书部落”，在《苏州日报》开设每月一版的“塔影对话”。这些活动得到了年轻学子和社会公众的热情回应。他们中的一部分人积极地参与了课题调研和资料收集，协助编撰者做了许多基础工作，并贡献了自身作为这些亚文化实践参与者的体验和认知，帮助我们走近了青年亚文化活动的主体人群，他们的热诚和对本丛书的厚望令人动力倍增。

在我们参加相关的学术会议时，“新媒介与青年亚文化”课题研究和本丛书得到了学界诸多前辈和同仁的支持，首都师范大学陶东风先生和胡疆峰博士、浙江大学吴飞先生、北京师范大学蒋原伦先生、华东师范大学陆扬先生等都给予了无私的鼓励、帮助和指点，使我们获益良多。

希望本丛书的出版能引起学界对媒介与青年亚文化研究的更多关注，使这一领域结出更丰硕的成果。

马中红

于苏州独墅湖畔

目录

“拍客”是网络时代影像传播的一种方式，是当代青年亚文化的一种类别。拍客的出现得益于技术的进步，也呼应了时代与社会的总体状况。今天的拍客是一个历史的产物，它反映出人类社会影像传播进入了新阶段。中国的拍客与拍客亚文化是如何出现的？让我们先来细数拍客的来龙去脉。

拍客小史：谁在拍摄谁

“拍客”作为当代的一种影像交流传播方式，最基本的含义是指将自己所拍的图片或视频上传到网络平台与他人共享的一群人，也指他们的这种行为方式。作为一种网络时代的“客”文化，“拍”满足与释放了网民的拍照快感，引爆了网民的创意灵感，颠覆了传统的美学价值，成为 Web2.0 时代的风向标。

作为一种网络时代的“客”文化，“拍”满足与释放了网民的拍照快感，引爆了网民的创意灵感，颠覆了传统的美学价值，成为Web2.0时代的风向标。

拍客拍自己、拍美女、拍城市喧嚣、拍花花草草、拍天下大事、拍凡人琐事，他们不注重意义但注重好玩。作为视觉传播时代的新锐人群，拍客既是奇趣事件的见证者，也是分享者与传播者。拍客可能没有精良的装备，没有专业的剪辑功力，但只要拥有一个普通数码相机或家用 DV，甚至是一部有拍摄功能的手机，再加上一双善于观察的眼睛，就能随时随地将身边的故事记录下来。网络技术的进步，也给拍客增加了一个“利器”，无论是专业的视频分享网站，还是个人的微博，都可以是拍客展现自己与展现世界的舞台。

中国人自古就有侠客文化，喜欢用“客”来命名某一类人。拍客这个同样以“客”冠名的亚文化族群，并不像网络上的“黑客”“博客”“极客”等等“客”群体那样，有自己对应的英文名称。国内有人把拍客翻译成 shutterbug，但这一词意为“业余摄影迷、狂热的摄影爱好者”，这群人的重点是不断追踪新式的器材装备，基本上属于“发烧友”。根据笔者的考察，中国的拍客大多在器材上并不痴迷，他们更注重某些特定的题材和内容。因此，当 2005 年前后这个名词出现在中国互联网上的时候，它应该完全是“中国制造”。

社会、科技和文化的变革是拍客及其文化出场的语境。人们都希望自己长生不老，当个体的衰老和消逝不可挽回，常人能期盼的就是将影像继续保存在记忆、书籍、相册和屏幕中。20 世纪以来，随着摄影器材和影像工业的发展，其大众化的趋势也日渐明朗，一个家庭从拥有一本相册，发展到拥有一台相机，甚至拥有一台手持式摄影机。电视设备出现之后，录像机和摄像机的普及也遵循了这个趋势。时至今日，数字技术和互联网也为视觉文化增添了新的推动力，图片和视频浪潮席卷了网络。值得我们重视的是，这一回，我们既可能是这些视觉内容的观众，也可能是这些内容的生产者。

传统的胶片摄影理念和技术，彻底被熟练使用数码相机、手机的年轻人颠覆了。无须考虑太多，不要条条框框，我拍我想要的世界。今天的拍客，像端着一把子弹无限量的冲锋枪，在城市的各个角落扫射。

视觉文化或者图像经验成为考察这个时代的一种路径，它反映出的是一种新的文化取向，虽然视觉文化不可能完全取代以语言文字为代表的传统文化，但我们必须承认，文化传播中图像符号正在不断挤兑文字符号，日趋获得一种新的主导权，读图时代悄然来临。以图像消费为主的视觉文化深刻反映我们这个时代大众文化旨趣的转变。与文字联系在一起的关键词是理性、阅读、书写，它需要人们用较长的时间去学习、掌握、领悟，这些关键词在图像消费时代已经被消解，取而代之的是图像消费的那种体验和快感。一方面，图像简化了文字文本，破坏了文本的审美意境和神韵，割裂了传统叙事的体例；另一方面，图像形象直观、容易理解，以极低的门槛让所有人参与其中。

让我们回到"拍"或者"拍客"的问题上来。从纯粹的发生学上看，最早的摄影者、最早的电影制作者，不就是最早的拍客吗？如果不是人物的穿着和举止、画面的色彩和清晰度让我们感到不是同一个时代，卢米埃尔兄弟最早的那些电影画面和今天互联网上的视频短片又有多大区别呢？我们甚至能够在 YouTube 网站上找到卢米埃尔兄弟拍摄的影像合集，他们俨然是一对"穿越"了互联网时代的拍客。

媒介形态变化只是我们考察拍客的一个维度。如果不看到这一点，我们似乎会觉得，今天的拍客与历史没有任何关系，笑问“客”从何处来；但如果停留在这一点上，我们则割断了拍客与当代社会的互动关系。我们不妨这样来看待今天的“拍”：

拍是一种纪录。这种纪录可以是个人随意的拍摄，也可以是有目的的社会调查，它纪录的是个体对于这个世界的认识，可以是无聊的、零散的、碎片的，但也可能促进视觉经验的民主化。

拍是一种表达。这种表达可以是轻言慢语，也可以是放声歌唱，它表达的是个体或是群体的情绪与立场，可以不同于甚至迥异于主流的文化形态，但一样可以激起广泛的认同。

拍是一种娱乐。这种娱乐就在拍的过程中，可以反叛，可以消解，可以再创造，它不同于主流媒体的传播内容，但也可能被主流所吸纳。我们可以为了某些目的去拍，也可以仅仅为了拍而拍。

这样的“拍”因为有了互联网时代的技术条件而成为一群人的日常经验，又因为具备商业价值而成为资本追逐的目标，也因为大众的参与互动成为了一种文化仪式，更因为以上多重因素的合力而获得了某种权力。那么，让我们从这里开始，补录拍客的前世今生，探讨拍客的 N 种可能。

一、 上层的画面

文化的历史部分就是图像符号和语言符号之间争取支配地位的漫长斗争的历程，任何一方都是为自身而要求一个可以接近“自然”的特权[1]。在发明和使用文字之前，人类依靠图像(或者说图式、记号)来完成信息的交流和历史的记录——例如

〔1〕 W. J. T. Michell. Iconology：Image，Text，Ideology. Chicago：University of Chicago Press，1986：43. 转引自周宪.读图，老照片，身体.文化研究，2002(3).

岩洞里的壁画，兽骨上的印记乃至结绳记事——并逐渐以图像为摹本创造了最早的象形文字；有了文字后，人类可以把信息传送到目光所及的范围之外，也可以把信息比较完整地保留下来，因而文字在人类几千年来的信息传播中占有绝对的优势。这个优势一直保持到19世纪上半叶：随着摄影术的诞生以及此后图片印刷技术和电子媒介的出现，图像逐渐取得了和文字平起平坐的地位，时至今日更有超越文字之势。

1826年法国发明家约瑟夫·尼埃普斯拍摄了世界上第一张照片，从此人类多了一种记录历史的方式。尼埃普斯当时的制作工艺是在白蜡板上敷上一层薄沥青，然后利用阳光和原始镜头，拍摄下窗外的景色，曝光时间长达8小时，最后用熏衣草油进行冲洗。尼埃普斯把他这种用日光将影像永久地记录在玻璃和金属板上的摄影方法称作日光蚀刻法，又称阳光摄影法。1837年，另一个法国人达盖尔形成了另一套“实用”摄影的技术：他将感光过的镀银铜板浸泡在加热的盐水中获得定影而完成了银版法。说银版法实用，是因为这个摄影技术迅速在欧美得到应用，其实，当时能掌握这个技术的人寥寥无几。从发生学来看，尼埃普斯和达盖尔可以称得上是拍客的祖宗，而“雕刻时光”的技艺在后来会发展到什么程度，可能是他们无法预料的。

从发生学来看，尼埃普斯和达盖尔可以称得上是拍客的祖宗，而“雕刻时光”的技艺在后来会发展到什么程度，可能是他们无法预料的。

1844年，法国人于勒·艾吉尔作为贸易团长随大使来到中国，在澳门举行的五口贸易谈判中，为当时清政府五口通商大臣耆英照了相片。拍照不是艾吉尔的职业，而是他的爱好，这趟旅程使他成为在中国土地上拍摄的第一个人，而耆英则成为最早接触摄影的中国人之一。耆英虽然是皇族，但思想开放，据说他曾将自己的个人照片分赠给英、法、美、葡四国使臣，并在给道光皇帝的奏折中提到了这件事。

此时，国人对这种新技术还感到很好奇，有一部分先进人士开始探索影像的奥秘。但普通人对于摄影仍然是排斥的，看到西方人手持摄影机,四处拍照,便附会说那是收人魂魄的工具。鲁迅曾在《论照相之类》中提到:"咸丰年间,或一省里,还有因为能照相而家产被乡下人捣毁的事情。"在集体妖魔化的背景下,摄影术在国内处于停滞状态,因此摄影术只能在少数贵族内部流传。

尽管当时的清王朝每况愈下,但是,王室的落败阻挡不住新技术的诱惑,照相成为封建王室最钟爱的消遣形式之一。1888年,喜爱摄影的珍妃进宫,将摄影术带进了皇宫。1903年,在历史上著名的德龄公主的推荐下,她的哥哥裕勋龄成了第一位御用摄影师。裕勋龄曾在法国学习过摄影,也是他让慈禧太后喜欢上了拍照。慈禧为了美化形象、扩大影响力,曾装扮成救世观世音拍摄照片并出售。至此,摄影术在中国终于被权力所认可,从妖术变成了科学。

此后,从达官贵人到士绅阶层都紧跟潮流,请来照相馆的师傅为其拍照。1892年,留日学生任景丰在大栅栏开办了丰泰照相馆,这是北京最早的照相馆,虽晚于上海,但主要业务面向国人,因此影响颇大。1905年丰泰拍摄了中国第一部电影《定军山》。有资料显示,当时的富人阶层很快不满足于"呆照",竞相踊跃投身于"分身像"[1]、化妆照、道具照等各种新花样的尝试。

摄影的发展在东西方有着相同的特点:最先在社会上层人士中流行,然后开始向社会中下层发展,但是上层的审美趣味对下层有着明显的主导作用。一方面,这些精英阶层成为图像的主要消费者;另一方面,他们也是早期中国拍客的主力军。20世纪20年代,各种摄影器材传入中国,使得早期中国摄影无论在技术调试方面还是在光学应用方面都有了极大的提高。尽管

〔1〕 分身像即是用镜头盖遮住一部分曝光,顾客可换上不同的服装,摆出不同的姿态,在同一张底片上曝光数次。

如此，高昂的物质代价和普遍低下的人民生活水平使得摄影还不能进入寻常百姓家。除了专业的照相馆、职业的画报摄影师之外，能够把玩相机的也只局限于有钱有闲的社会上流阶层。这些老照片在教导当时的人们什么是新的视觉准则，同时也改变并扩大了“什么才值得看”和“我们有权利去看什么”等关于影像的观念。

这张中国清代人物肖像老照片由奥地利的摄影师莱蒙德(1839—1911)于19世纪70年代拍摄，无论拍摄水平还是后期上色都堪称一流。莱蒙德19世纪70年代曾在中国广东、上海等地进行拍摄，所拍对象多为平民百姓，肖像的特写拍摄手法与中国人多正面、全身的留影习惯完全不同。通过摆拍，摄影师定义了自己的风格，这是被拍摄的老百姓无法控制的。

图：莱蒙德所摄的清代人物肖像
在那个时代，摄影师定义了照片风格，被拍摄的老百姓是无法控制的。

二、艺术与革命

国门大开之后，传入中国的除了先进的器械和技术外，还有民主、科学的思想。“德先生”和“赛先生”掀起了中国思想解放潮流，一时间，社会上要求个性解放和民族解放的呼声高涨。与此同时，摄影器材的改进和感光材料性能的提高，使摄影技术逐渐被更多的人所掌握，一些知识分子、中产阶级继贵族和商人之后，开始接触摄影，摄影作

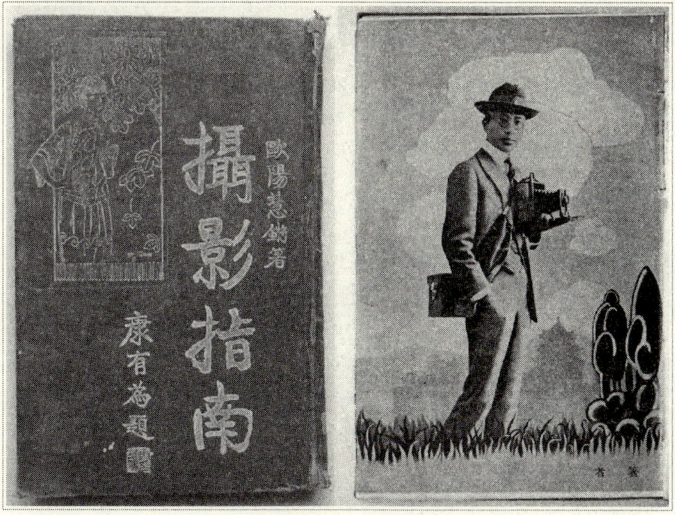

图:《摄影指南》封面与作者像

为新兴的艺术手段受到了高度的关注。

1923 年,康有为亲笔为欧阳慧锵所著的《摄影指南》一书题字、作序;现代著名思想家、教育家蔡元培,最早提倡在中国的学校里实施西式的审美教育,提出“以美育代宗教”的口号并把摄影视为不可缺少的艺术项目,认为“摄影术本为科学上致用的工具,而取景传神,参与美术家意匠者,乃与图画相等”。

《摄影指南》的作者欧阳慧锵,是上海宝记照相馆老板欧阳石芝之子,对照相馆的摄影工作流程了如指掌。在南洋大学上学期间,欧阳慧锵曾到苏州、杭州、北京等地从事摄影创作,摄影心得颇多。20 世纪 20 年代初,欧阳慧锵在宝记柜台上,常见到自习摄影者送来冲印的胶片,曝光不是过度就是不足,曝光时间正确的画面却拍虚了。他感到制约自习摄影者技术提高的瓶颈,就是中文版摄影书籍的缺乏。他想:自己从事摄影创作十余年,何不把摄影经历编写成书,公之于众、服务社会呢?

当时能玩得起相机的人,都属社会的中上阶层,风度翩翩的欧阳慧锵,在那个时代其实也是个拍客。

当掌握相机的人从贵族变成知识分子时,拍摄的旨趣和内容也逐渐起了变化。民国时期著名的摄影团体如北京光社、中华摄影学社、黑白影社、广州摄影工会等,响应“五四”号召,进行艺术革新。他们将中国传统绘画思想与图像拍摄相结合,在艺术上做了大胆实践和理论探讨。在许多具有中国艺术色彩风格的拍摄作品涌现的同时,摄影艺术的个性化和民族化问题也浮现了出来。在《大风集·自序》中,中国近代著名摄影家陈万里呼吁:"我现在祝颂同志们:大家起来,担负此种宣传中国艺术固有的色彩同特点于全世界,使世界的摄影年鉴上有中国的地位。"在《光社年鉴·二集序》中,中国近代摄影理论家刘半农说得更明确:"我以为照相这东西……总不该忘记了一个我,更不该忘记了我们是中国人……必须能把我们自己的个性,能把我们中国人特有的情趣与韵调,借着镜箱充分的表现出来,使我们的作品,于世界别国人的作品之外另成一种气息,夫然后我们的工作才不算枉做。"

必须承认的是,当时中国的摄影活动最大的特点并不是为艺术而艺术,而是以政治为中心:在解放区根据地,《在延安文艺座谈会上的讲话》正式将拍摄列为"革命武器的一个组成部分";在国民党统治区,拍摄图像也被作为政治宣传的工具。战火纷飞没有给艺术创作留下太多空间,被传播的图像基本都是为政治而拍摄的作品。

新中国成立之后,影像、政治与文化高度的一致性依然体现得非常突出。1951 年 5 月,中国共产党召开了第一次全国宣传工作会议,将包括报刊、书籍、广播、电影、戏剧、文学、艺术等涉及知识生产和传播过程的各个环节及各个方面的事务统一归属为"文教口",确立了由中央宣传部统一领导的体制。[1] 与之对应的是,将原来的知识分子即文化产品的生产者,变成了各类协会的成员和文化生产单位的职工,同时,国家对于文化生产所必

〔1〕 中共中央宣传部办公厅,编.党的宣传工作会议概况和文献(1951—1992年).北京:中共中央党校出版社,1994:11.

需的物质资源也通过全面计划经济的办法实施了彻底的控制，“从知识生产过程所包括的生产、流通和消费这三个环节来考察，我们则可以发现，知识生产的各个环节都因为社会主义‘单位化’而受到了国家的有效控制”[1]。当“看”进入一种政治化体系之后，拍摄者会变得单纯与热情。照片被曝光前，已经有了一位神秘人帮着拍摄者按下快门，替他们做了删选。所有被发布的图像都拥有相同范式，始终磨灭不了政治烙印，图像成为了政治最好的注脚。很少有人会怀疑图像的“真实”，因为没有什么比图像的“真实”更有说服力。

前网络时代的图像表达，无论是照片、宣传画，还是电影电视，几乎都是由专业人士担任，民族和国家需要这样的人和他们革命的美学，并且这些热情的记录者也积极投身于革命。社会的主流气氛包裹着影像作品，使人只见图像就能嗅到浓厚的政治味儿。在政治为先的红色年代，影像作为一种精神力量与意识形态的视觉方式，呈现出空前的热情、力量与统一。出于对理想与信仰的忠诚和热情，拍摄者与拍摄对象（英雄与领袖除外）完全以集群化的面貌呈现，这在大批量以红卫兵、知识青年为题材的影像作品里屡见不鲜。

一张照片的价值在拍摄者按下快门前就已决定了，一部纪录片在拍摄前其基调也已被决定了。英国视觉传播学者 David J. Chark 曾经研究全世界的饥饿影像，对于中国 20 世纪 60 年代初期的自然灾害照片的搜集始终无所获。在曾经产生过忧国忧民的伟大哲人的中国，摄影的传统美德被所谓的艺术准则和政治教导冲击得支离破碎，中国的摄影在一定程度上成了功利主义的附庸，摄影者在夸张了的虚幻中掩耳盗铃般地采集那些

一张照片的价值在拍摄者按下快门前就已决定了，一部纪录片在拍摄前其基调也已被决定了。

〔1〕 邓正来.市民社会理论的研究.北京：中国政法大学出版社，2002:237—238.

看似鼓舞人心的瞬间，肤浅、苍白、装腔作势的摄影作品在对人的关心、对社会的责任面前既缺乏信心，又没有勇气。例如，在二十多万人死亡，三十多万人受伤，整个城市夷为平地的唐山大地震中，拍摄者们在“文革”的大背景下仍然在宣传人定胜天的神话。以至于参加过唐山大地震报道的林永惠深有感触地说：“我拍的那些东西没有真正的价值，我在当时只不过是一个工具。”[1]

不必讳言，在新中国的前三十年中，图像及其拍摄作为意识形态的代言人行使着极其重要的作用，是民族、国家观念在普通人心目中得以生根发芽的重要载体。阿尔都塞指出：任何一个阶级如果不在掌握政权的同时把意识形态国家机器置于自己的控制之下并在这套机器中行使其领导权的话，那么它的政权就不会持久。[2] 但是，长期赤裸裸的“图像为政治服务”“主题先行”“不受真人真事限制”“利用一切手段塑造英雄形象”，让人手持相机却听人指挥。“文艺是阶级斗争的工具”的口号一语道破拍摄者的无力。正如苏珊·桑塔格 70 年代来中国时所说，在当时的中国，除了政治和道德说教之外就没有为审美感知的表现留下空间了，只有某些东西可以拍摄，也只能以特定方式拍摄。

静态的照片是这样，动态的影像也是如此。新影厂厂长高峰也曾经提到，新影厂有 4.2 万本胶片资源，时长七八千小时，资料很生动，但是这样汗牛充栋的资料，你还是会发现它有缺失。它记录的完全是这个国家的主体意识的一个群体记忆，很少有某一个个体的人的内心世界的记录，哪怕是几滴个体因内

---

〔1〕 孙京涛. 摄影的态度. 中国摄影，1995(7).

〔2〕 路易·阿尔都塞. 意识形态和意识形态国家机器//陈越，主编. 哲学与政治——阿尔都塞读本. 吉林：吉林人民出版社，2011：338.

心痛苦而留下的眼泪。如果纪录片完全按照这样的方式去发展，肯定是不完整的，是有缺陷的。[1]

三、业余的记录者

在1976年的“四五”事件中，一批年轻人以自己的视角记录下了当时在天安门广场悼念周恩来的情况，他们几乎都不是专业的摄影记者，但是通过照相机、摄影机和录音机，记录下了若干片段。这是中国历史上的一件大事，在中国摄影史上也留下不可磨灭的一个篇章。那一段时间，专业摄影工作者几乎都“封镜”了，数以百计的业余摄影者们自告奋勇，纷纷加入到记录这历史性一刻的工作中，大量特殊又宝贵的图像资料得以保留。

他们自发地拿起相机作为武器，以粗粝的真实宣告“精致”的虚假的灭亡。一幅名为《让我们的血流在一起》的照片，记录下感染广场上数十万人的瞬间。这幅照片至今没有被人遗忘，在1999年《中国摄影》杂志就读者喜欢的摄影作品所作的调查中成为入选的十个作品之一。

“文革”结束后，参与那次摄影的人们在社会的普遍期待下，出版了《人民的悼念》摄影集，成立了第一个民间摄影组织——四月影会，并举办了“自然·社会·人”艺术摄影展。正如影会主要成员鲍昆所言：“20世纪70年代末到80年代末以前，‘形式’是新时期艺术家创作的圭臬，是用语向僵化的‘内容’进行对抗的武器，是消解‘内容’权利的溶剂。”[2]庆幸的是，时代的跌宕带给了艺术新的觉醒，摄影者从政治的裹挟中抽丝剥茧，终

---

〔1〕 高峰.文献纪录片的力量.中国纪录片年鉴(2007年).北京:中国广播电视出版社,2008:35.

〔2〕 鲍昆.不得不说的李晓斌.中国摄影,2003(3).

于找到拍摄图像的意义。真正的摄影,是不能脱离拍摄者的艺术冲动而单独存在的。影会成立30周年时,为纪念影展所做的前言是这样写的:"四月影会宣泄着年轻摄影人的纯真、执拗、求索与才华。他们不拜神佛、不惧霜寒、不惊荣辱、不坠俗流、不谋私利、不辞劳辛。"

有学者针对"文革"时期的现状这样认为:"四月影会出现之前,摄影只是图解政治的工具,为了达到宣传目的,还借助道具制作假照片,有时将领导人的照片剪下,贴到另一照片上。"而四月影会则把自然、社会、人作为它的关注对象。[1]

"四五"运动的广场摄影第一次以反叛姿态抒发了业余摄影者的政治情感,同时也是新时期中国纪实摄影的揭幕之作。如《人民的悼念》所展示的一样,纪实摄影作品能清清楚楚地把亲身经历回忆起来,有着丰富的心理上和感情上的意义。他们与早前的图像最大的不同在于"从视觉上对世界进行评论"[2]。与此同时,西方纪实摄影的相关思潮也进入了中国,1981年第6期的《中国摄影》杂志,刊登了王慧敏翻译的美国时代生活文库的文章《纪实摄影》(*Documentary Photography*),第一次将纪实摄影介绍给国人。

从形式上来看,纪实拍摄已经渐渐回归于艺术,带着文化本应有的精神重归摄影舞台。不仅在摄影圈中,在电影和电视界同样出现了一批不满足于传统拍摄方法的人。20世纪80年代是中国吸收外来文化最狂热的年代,大量的西方思潮在古老的东方掀起了一场声势浩大的文化热。年轻的拍摄者们好奇和兴奋地阅读着《情感与形式》《美感》和《艺术和视知觉》等译著,开

---

〔1〕 章润娟."四月影会"30年.新周刊,2009(16).

〔2〕 转引自鲍昆.影像后的历史含量——在历史、文化、政治、伦理中的中国纪实摄影//王璜生,编.中国人本——纪实在当代.广州:岭南美术出版社,2003:16.

始深深地反思:到底根在哪里?于是,他们纷纷拿起相机到农村去,到偏远的少数民族地区去,到城市去,到大都会去,张扬地释放内心的追求,聚焦普通人的生活。

到了20世纪90年代,纪实拍摄又逐渐走向抵抗和反叛,这是从对历史的文化寻根到对现实问题关注的转变过程。此时的纪实拍摄主要拍摄非主流人群和弱势文化群体,这构成了一个独特的纪录浪潮。宿志刚曾经用黑白大底片记录下东北大工业的萧条,王兵的纪录片《铁西区》也揭示了同样的主题,拍摄题材中也出现了许多亚文化人群的身影,流浪汉、妓女、精神病人、灾民纷纷进入摄影镜头。正如吕新雨所说,历史本是混沌的时间之旅,我们所了解的历史不过是被意识形态,而且是主流意识形态所照亮的那一部分。其实,一个社会需要主流意识形态就像我们需要太阳,但是地球是圆的,太阳与黑暗同在,太阳照不到的地方我们需要星光、月光和探照灯。照亮历史意味着有价值和有意义的东西不被单一的意识形态的视角所遮蔽,不被时间所湮没,并以此承担人类对未来社会的守望:让历史"豁亮"和"敞开",成为开放的文本,使我们每个人都有可能进入并承担历史和社会的责任。[1]

20世纪90年代以来,大众传媒竞争初见端倪,媒体对照片数量的需求日益增加。以社会边缘群体为拍摄对象的纪实摄影作品因其新鲜和刺激,某种程度上成为媒体争取市场的筹码,但是必须承认的是,这些关于边缘群体的摄影作品却实实在在地表达了创作者对人的关注、对人性问题的思考。摄影作品《精神病院》获得业界和读者的认可后,作者袁冬平接受采访时却怀有这样的担心:那些被他拍摄过的精神病人和穷人的生存状况"并没有因为平等的照片而有所改变",相反,在某种程度上"暴露了

〔1〕 吕新雨.当代中国的电视纪录片运动.读书,1999(5).

他们的隐私，也可能给他们带来了伤害”。不仅将心力放在为何而拍和拍的质量上，而且将自己的责任延伸至被拍者可能受到的影响上，这样的人文精神是最宝贵的东西，而它在今天的拍客影像中能否被传递下去，需要我们的重视。

四、波普与多元

也正是在上述时间段，西方美学、技术革新、商业力量等因素，共同形塑了中国当代新的影像文化。

拍摄是用记录和再现的方式面对现实中存在的人、事、物，被记录的对象因时间、空间不同而各异，记录和再现的方式也会随着时代的发展而层出不穷。和拍自己相比，拍他人是最常见的影像拍摄，具体指拍摄者与被摄对象以拍摄关系为基础的影像输入和输出的过程，电影以及一般意义上的照片拍摄都是拍他人的典型形式。除了特殊情况外，都是拍摄者向他人或他物发出动作要求，善于捕捉美妙瞬间的人成为他们中的佼佼者。

拍自己和拍他者最大的不同在于，自拍主要是为了自己快乐，哪怕方式在别人看来很极端，只要自己感觉好就好。

拍自己和拍他者最大的不同在于，自拍主要是为了自己快乐，哪怕方式在别人看来很极端，只要自己感觉好就好。今天热衷于将相机对准自己的青年人不一定知道，他们的前辈们早已玩过自拍。中国最早的自拍人可能是清末广州摄影师罗以礼，那幅裸露上身单腿屈膝放在座椅上，不拘小节、豪爽开放的自拍像充分说明了自拍是主观摄影最好的形式。当代摄影家莫毅为自己拍了一组以《Moyi》为名的自拍像，用了常人看来很自虐的方式。另外一位摄影家张海儿于1988年拍了一张自拍像，昏黑的环境里拍摄者张大嘴作喊叫状的头像在照片左下角出现，背景是紧密的高楼。这幅作品为他赢得了这样的评论：抗拒压抑的无声呐喊传达着“对存在的困惑与诉说的需要之间的张力”[1]。与张海儿利用自拍释放自我情绪不同，有人用拍摄代替文字，用自拍日记的方式来为自己留下回忆。艺术家王小慧经历一场车祸后，在医院的病床上用相机为自己拍摄《车祸后的自拍像》，目的是通过这种方法给自己继续生活的勇气和力量。

当“我”身兼拍摄主体和被拍客体双重身份或是身份允许自由调换时，拍摄变得有趣和自在。拍摄者明白“我”是什么样的，更能支配“我”的行为，这种自拍的拍摄方式更多地带有主观意识。自拍的另一大特点在于其纯属于个人创作，拍摄者不需要向任何人妥协，可以忽视传统和惯例，甚至只要愿意，任何大尺度、夸张的表现都可以拍下和被拍下。

自拍带给人如此多乐趣在很大程度上要归功于技术的进步。数码相机器材轻巧、操作简单、技术零门槛以及感光材料零成本等优点使很多人的拍摄梦成为现实，加之电脑技术的迅速发展，运用软件修改、制作图像让现在的拍摄者们兴奋不已。

崇尚个性的艺术家们将夸张之风继续发扬，他们装扮成各种怪异、媚俗、搞怪、恐怖的样子，结合戏仿和拼贴等后现代主义手法，将自拍大玩特玩。《我所认识的 Mr. Gnoh》是洪浩用电脑将自拍像制作成外国人的样子，甚是有趣。而随着更多的人掌握了照相机和电脑操作，自拍这一方法就像病毒一样在网上蔓延开来。

五、草根的呐喊

海德格尔在 20 世纪 30 年代更是提出了“世界图像时代”的

〔1〕 转引自克里斯蒂安·科若勒. 存在的困惑与诉说的需要. 杨茜，译. 中国摄影，2002(7).

到来，“世界被把握为图像……这样一回事情标志着现代之本质”。[1] 匈牙利电影理论家巴拉兹在60多年前出版的《电影美学》一书中曾预言：“随着电影的出现，一种新的文化将取代印刷文化。”如果我们都认为视觉传播的时代已经来临的话，那么现在的问题在于：这是谁的视觉传播时代？

苏珊·桑塔格说“摄影如同所有大众艺术形式，并不是被大多数人当成艺术来实践的。它主要是一种社会仪式，一种防御焦虑的方法，一种权力工具”。长期以来，视觉文化表现为一种政治症候，就视觉的观看行为而言，传统的那种体现权力关系的、带有政治性的观看行为可以追溯到福柯的“全景监狱”(panopticon)概念。在福科所谓的“规训系统”(disciplinary system)里，少数人处在网络的一端窥视、观察、监视其他大多数人，规训机制将一种规范强加到一群人身上，通过“看”的形式，使这群人在实践和态度上接受权力规训。

互联网时代的影像，与以往的历史有着怎样的关系？今天的拍客能否找到当年的先行者？他们之间有没有什么传承和变化？新技术如何帮助拍摄者利用与消解传统的摄影，摆脱以往的种种规训，从而实现某种新的实践？

进入21世纪，相机和摄像机的权威性和崇高感随着它本身的普及而渐渐消解，今天的拍摄者不需要是贵族，不需要是艺术家，他们告别革命也告别专业，因此只要你愿意，就可以做一个拍客。

进入21世纪，相机和摄像机的权威性和崇高感随着它本身的普及而渐渐消解，今天的拍摄者不需要是贵族，不需要是艺术家，他们告别革命也告别专业，因此只要你愿意，就可以做一个拍客。梳理拍客的前世今生，你发现的也许是越来越多“草根”的加入，也许是历史上所有出现过的拍摄方法在今天又重生了，也许是一切坚固的东西都烟消云散了。

新世纪初，在互联网在中国热火朝天地发展之际，一些敏感

[1] 海德格尔.世界图像的时代//孙周兴，编.海德格尔选集.上海：三联书店，1996：899.

的中国人意识到了网络与个人影像相结合所爆发出的力量。Ziboy，真名叫温凌，一个土生土长的北京人，口袋里永远揣着一个数码相机。2001 年 10 月，《纽约时报》专栏撰稿人、美国最早的摄影博客主人大卫·格拉格（David F. Gallagher）收到了一封来自温凌的热情洋溢的信。温凌告诉大卫自己也有一个图片网站：www.ziboy.com，那里记录了北京年轻人的生活。这令大卫非常激动，他在第一时间将温凌的网址链接到自己的网站，并且在这一天的 blog 中兴奋地写道："大家快来看，这里有中国的照片！"从此，大量的外国浏览者涌入温凌的博客。温凌毕业于中央美院，但他很少提起自己的专业背景，他排斥和挑战所谓的经过渲染的艺术风光和异国情调的摄影，拒绝从日常生活的参照中提炼出来的，采用摆拍、虚构等手段制作出来的所谓前卫艺术摄影。在他看来，这几个系统规范的背后都隐藏着某种掌控话语的权力，而他希望这种话语权应该由拍客自己掌握，即拍客是个人话语权力的一种体现。今天，摄影对温凌来说已经成为一种生活习惯。相机就像手机一样，每天带在身上，看到有意思的事情，就拍下来，他说："我很有把握，Ziboy 是可以做到老的。在北京这样一个城市，永远都有很多有趣的东西等着你拍。"

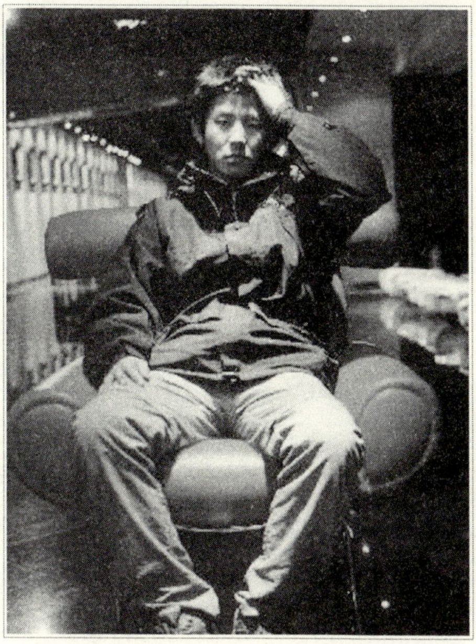

图：温凌

温凌是从 2001 年 9 月份开始做 Ziboy 的，他拍一些在大街上走着看到的东西，无论是漂亮的还是荒诞的，这些照片代表了他每天的生活。

不需要专业的单反相机，不需要具备高超的摄影技术，只要想去做，可以随时随地掏出卡片相机甚至手机记录下自己臭美的表情、旅行的点滴，以及任何你想留住的瞬间。另一方面，人们已经不仅仅满足于照相机定格的美妙,而对摄像这一更新鲜的玩意儿产生起浓厚兴趣,自20世纪70年代中后期出现家用型摄像机之后,普通人的梦想成为可能。

本雅明在《机械复制时代的艺术》中,将照相机与摄像机工作下的产物——照片和电影作为文化工业的代表物。摄像机从诞生开始就与电影结下了不解之缘,姑且不说摄影与摄像是否使艺术的灵光消失,它们的确推动了人类生活方式、审美方式的改变。在中国,各类影像的历史基本走过相同的道路:发端于少数贵族的好奇;经历民族斗争的洗礼;从政治学与美学的角逐中寻求突破口;国门打开,赶上文化大潮和反思精神的洗礼;商业化带来了社会的杂声,同时也带来广阔的市场……于是,包含着青春、反抗、自由的气质的新生代孕育而生,他们要制作、欣赏属于自己的影像。

有一点是有趣的:"我们从电影中看到的活动是一种错觉。电影影片实际上是一系列径直的照片,用很快的速度接连投射到银幕上,好像一幅叠着一幅。只是每幅画面中的景物、位置有稍微不同,看起来就好像是活动的。"[1]这说明静态的照片与动态的图像本质是一致的,即照相机与摄像机具有相同属性。如今功能强大的电子产品,兼备动态和静态拍摄功能已经成为常态。家用的数码相机、DV摄像机,甚至手机都兼备了照相、摄像一体功能,草根拍客们也都成为了摄影、摄像两栖工作者。

数字技术的飞跃解决了拍客影像的传播与分享的问题。拍客通过网络可以实现照片展示的目的,同时,网络也是拍客们原创电影、原创视频的试验田。网络时代的拍客们与以往的拍摄

---

〔1〕 瓦尔特·本雅明.机械复制时代的艺术.李伟、郭东,编译.重庆:重庆出版社,2006:18.

者存有许多不同之处。除了上面谈到的工具的更新使拍摄变得便捷与自由外，如今的他们已经不仅仅满足于拍了，他们更乐于分享。这是一种状态的转变——从自我欣赏到期待被欣赏。QQ 的个人空间、博客、人人网、Facebook 都设有“相册”功能，网友们，也就是拍友们，将自己所拍的图像上传，同时也可分享“好友”的资源。优酷网、土豆网[1]、56 网，只要经过注册，你拍的视频就可以被全世界人民看到。你认为搞笑的、感人的，甚至是发生在身边的平常人的普通事，经过被拍、被上传和被分享后，就会变成大家觉得有意思、有共鸣、值得传播的事。拍客们拿着 DV 穿梭在城市的每一个角落，拍摄素材有时来自听说的好玩的事物，有时是街上闲晃的突然发现。这些影像采集方式造就了“史上最牛公厕”“犀利哥”等传奇。

如今的拍客们颠覆了以往拍摄者的身份。浏览各大视频网站，我们能看到的拍客大致分两种：临时玩票型和铁杆粉丝型。前者只是一时兴起，看到周边的好玩儿、新奇的事，恰好手边有设备，拿起一拍，随后上传到网络上；后者则是把拍客当成职业在从事。譬如《独家曝光职业骗子景点行骗内幕》《史上最心酸的“准大学生”，悲情的三代人》等网络点击量很高的拍客作品，这些作者长期坚持关注社会，已类似于西方的“公民记者”或是“独立记者”。从寻找有价值的事件，到跟踪拍摄，再到制作发布，这些草根拍客们完成了一个媒体人的工作。法国政治学家、社会学家阿尔费雷德·格罗塞在《身份认同的困境》中对传统的媒体身份有过这样的论述：记者的自由是最为脆弱的东西……拒绝站在报纸导向旗帜下的记者比一个自称有勇气的大学学者要勇敢 1000 倍，因为学者说真话没什么风险。这样的担心在拍

[1] 优酷网与土豆网已于 2012 年 3 月合并，这充分显示出当代影像与资本之间的关系，详见后文。

图:《珠海最牛大楼外墙空调多得夸张》视频截图
这个视频一开始是北极冰盖融化,北极熊生存面临困境的图片,你会发现作者是在用调侃的方式讲一个严肃的话题。

客们这样的"公民记者"身上就会显得多余。他们不用担心广告商的流失,不用担心被上司批评,上传影像之后,剩下的就是供网友挑选了,受不受欢迎完全由点击率说了算,就算看的人不多也不会受到"扣工资"的处罚。

临时玩票型的拍客们不需要花费赶赴新闻现场的时间(因为就在身边),也完全没有制度上的后顾之忧,同样造就出了许多精彩的作品。例如,在网络上点击率很高的《都江堰市龙池镇发生泥石流》《暗访深圳黑票点的揭秘视频》《珠海最牛大楼外墙空调多得夸张》等都是这些临时玩票型的草根拍客的作品。

拍客们秉承快乐至上的网络精神。在现实世界里,也许前一时刻才看过某位拍客的作品,下一时刻见到创作者本人都会不识庐山真面目。在以网名相称的网络世界中,大家关注的是拍了什么,而不是谁拍的。大多数拍客的心态也是如此,不追求技术上的精湛,只是传播自己觉得有趣、有意思的内容。

因为有了互联网,拍客们找到了一个呐喊的广场;因为有了热情的拍客,网络变得更加炫彩斑斓。

从拍自己到拍他人，从拍美女到拍社会，从Lomo到DV，拍客的“光谱”射出炫目而斑斓的色彩，而这一切都在于凸显拍客影像与主流影像的距离与区别。和肖像照不同，和集体照不同，和宣传片不同，拍客通过呈现另类的风景从而定义了自己的风格。

拍客的視覺呈现

一、互联网时代拍客“大起底”

做拍客并不一定要有高超的摄影技术，而在于有一种状态和心境，在拍客的“根目录”之下，我们还可以细分出下面这些“文件夹”。

自拍族

“擦上粉底，画上浓浓的眼线，涂上亮晶晶的唇膏和厚厚的睫毛膏，打扮妥当，对着卡片机，我又自拍起来。”这句话描写的一系列动作恐怕是很多年轻女性自拍一族的标准动作。顾名思义，自拍族最大的特点在于拍自己。

“自拍族”一词名列多个搜索网站的点击榜首。据说每隔5秒钟，就有一个网民试图搜寻网上的自拍照；近50万个网站宣称自己的内容与自拍有关，在百度上搜出的相关网页超过1亿，全国各大网络论坛几乎都有“自拍”专栏。

自拍族在今天大行其道其实是对传统个人肖像照的反动。还记得我们以前是怎么拍肖像照的吗？如果是在照相馆，那不用说，梳洗整齐，穿上自己最高级的衣服，亮出最上相的姿势，在假的布景前听摄影师摆布——“咔嚓”；如果在室外，基本上也是这样，拿着相机的总归要招呼同伴，一个人或一群人齐刷刷地露出灿烂的笑容。在以前，拍照是一种仪式，相机是某种权力的象征，因为要“我”来给“你”拍，从福柯的理论来说，肖像照其实是一种“规训”。[1] 在前网络时代，拍大头贴是自拍族最具代表性

在以前，拍照是一种仪式，相机是某种权力的象征，因为要“我”来给“你”拍，从福柯的理论来说，肖像照其实是一种“规训”。

〔1〕并不是以往的相机没有“自拍”的功能，早在胶片机时代，相机上就有了self-timer，即定时拍摄功能。用户把各种参数设定好后，预设自己在照片上的位置，然后按下快门。这个时候相机开始倒数（一般为2秒至10秒），这个时候，用户在相机面前摆下姿势，倒数完毕，相机快门自动释放。只是当时这样的自拍大多是循规蹈矩的。

的表现方式。网络时代，不少现代自拍族则喜欢把准专业的自拍照放到个人博客或 QQ 空间上，或是直接通过网络发给朋友们看。

自拍颠覆了传统的权力关系，一个人既是拍摄者又是被摄者，自己决定自己的造型、神态与背景。当然，颠覆的物质基础是数码设备的普及，在胶片时代，纵然我们有这样的想法，但是谁能负担得起肆意浪费的胶片呢？好了，举起你的数码相机，把镜头对准自己，按下快门吧。

青年人对自拍的热衷来源于他们对自己形象的在意。形象是他们有别于成年人世界的最鲜明的符号，也是一种视觉传播。青年用服装、发型、饰品等塑造自己的形象，再将这样的形象通过网络进行传播。据说，典型的自拍照应该这样拍：在头部正前方，向上 45 度把相机或带摄像头的手机举起对准自己，这样拍出的照片头大身子小，显得比较夸张。今天的数码生产商为了迎合自拍族的需要，已经生产出了前后双屏的数码相机和前后双摄像头的手机。

典型的自拍照应该这样拍：在头部正前方，向上 45 度把相机或带摄像头的手机举起对准自己，这样拍出的照片头大身子小，显得比较夸张。

自拍的表现形式也有很多种，无论是有趣、作秀、唯美、展示还是裸露，通常自拍者是觉得好玩或好看。

自拍族个案：

◎主角：Viki ◎年龄：26 岁 ◎职业：经营网上服装店 ◎自拍经验：3 年

◎拍摄地点：家里、餐厅、闹市、工地、旅途

◎个性特点：喜欢大自然或带颓废感的场景

在她的个人博客上，放满了一辑辑制作精美的自拍组照。和硬邦邦的文字比起来，Viki 觉得照片中的自己更显真实，因为眼神里的喜怒哀乐难以隐藏。

在广州生活了9年，Viki仍觉得认识的好友不多，一个人待着挺闷，“觉得无聊就想找事情做或者出去散心，没人陪，就带个相机自己和自己玩”。

起初，Viki的自拍工具是一个数码摄像头，拍下表情夸张的大头照，简单PS之后，就放到个人博客或一些摄影论坛上，自娱自乐。及至后来中奖得到一台佳能A400数码相机，她才发现了自拍的更多乐趣。

“有一次和朋友到餐厅吃饭，我忍不住又拿出相机自拍一通，差点被店员投诉。”Viki笑着说。有时候，她也会在家里拍，换上一些夸张的服饰，对着镜子大摆姿势，左扭右扭，“自己看了都有点不好意思”。

在自拍世界里，内向的Viki摇身变成性感女孩、环保使者或是迷人女王，她喜欢将不同场景的照片组合起来，分别安上一个好听的主题，然后放到博客上和网友们分享。

“拍了就是要给人看的呀！这样很有趣，我不认为它们只是些照片，而应该是一种沟通方式。”Viki希望为自己拍出更多好照片，让更多人知道这个世界上有一个叫Viki的女孩子，在开心地生活着。[1]

“世间一切，尽在脸上”，古罗马哲人西塞罗如是说。2008年10月1日的《新周刊》曾经出过一本摄影专辑——《什么写在中国的脸上？——肖像史里的中国表情》。专辑梳理了从1844年至2008年的中国人

图：自拍的影像

高举手机或相机，从45度角往下拍摄自己，是自拍者特别喜欢的姿势。

〔1〕 本个案摘自2008年04月08日《南方都市报》报道《走近羊城自拍族》。

的肖像史，通过肖像反映了中国的社会变迁和民族容颜的塑造。文章中提到："晚清时期，外国人拍下中国人的第一张肖像，在西方留下中国人呆滞、木讷的最初形象。民国时期，《良友》封面女郎和罗伯特·卡帕镜头下抗战士兵坚毅的脸庞，呈现出国人的浪漫与英勇两面。新中国成立后的样板戏剧照表情，是国人最热衷模仿的肖像照姿势。改革开放 30 多年，肖像摄影的风格流派日呈多样化，中国人在镜头前释放出自由表达的无限性。"在这无限性之中，自拍也提供了一种新的可能，相信以后再整理国人表情时，自拍已成为一个大类。

"视觉系"与"杀马特"：自拍中的另类极致

喜欢自拍的青年人很多，但是自拍中的另类极致确当属"视觉系"与"杀马特"，他们不论男女，都留着五颜六色的长发，化很浓很浓的妆；他们穿一些很个性的服装，戴着稀奇古怪的首饰；他们喜欢自拍，在网吧的摄像头前做些奇怪的动作；他们给自己下的定义是：一个集潮流、视觉、非主流为一体的群体。

"视觉系"一词源于日语ヴィジュアル系（即英语 visual），简称 V 系、VK、VR，是一种音乐的呈现方式。20 世纪 70 年代，在欧美出现了视觉系摇滚（visual rock），用服饰和化妆来表现音乐，乐队成员经常染不同的发色，穿不同寻常的服饰。20 世纪 80 年代，视觉系摇滚传播到日本。"杀马特"这个词源于英文 smart，可以译为时尚的、前卫的，其起源是模仿视觉系。

至于中国的视觉系和杀马特家族，已经与摇滚一点关系也没有，只是喜欢模仿欧美和日本视觉系的服饰、化妆等。在中国，视觉系和杀马特的成员基本都是 90 后，主要活动阵地是 QQ 群和 QQ 空间，仅官方 QQ 群就有百余个，遍布全国。如何才能加入杀马特家族呢？一位自称"打入杀家卧底"的网友说，首先要加入相关的杀马特审核群，通过视频审核后，改网名和空间名，再与审核群群主联系，选一个群加入。要想当上家族群的管理员，则必须保证每天在线5个小时以上，至于要和杀马特家族创始人进行空间链接，要求就更高了。

不可否认，这是当今年轻人的一种生活形式和一股文化潮流，然而有网友将他们称为“山寨系”，与非主流、“脑残族”并列，因为这群年轻人只是模仿了20世纪风靡欧美的青年摇滚文化的外衣，再借由照片上传，在网络上创造了一个个虚拟的亚文化环境并制造彼此间自恋般的认同。其实他们知道，穿上父母不喜欢的衣服、做出父母不喜欢的发型会招来斥责，但是这恰恰达到了他们反叛成人世界的目的。更重要的是，在挑战了父母的权威的同时，赢得了朋友圈子的认同。从这个角度说，成人世界越是对杀马特抨击，他们越是有快感，也就愈加把自己打扮得怪异。

杀马特个案：曾经的网络红人杨子浩

“我这个人有个最大的缺点就是爱臭美，那时候的我虽然不懂得打扮，但是就是爱打扮，每天早上醒来必做的一件事就是洗头，搞发型，一次偶然的机会，我喜欢上勒拍照片，也正是那个时候，第一次对自己的脸型轮廓有勒概念，几乎每次上网都要拍个几张……慢慢地我学会勒打扮自己，让自己更帅，更酷一点，自己也喜欢上勒漂亮的衣服，闪耀的饰品，可怎么打扮还是土里土气的……一次上网玩劲舞团，一个朋友发给了我几张帅哥的图片，当时的感觉就是自己实在是土得掉渣，那时候起我开始模仿，开始照搬那些所谓很帅很酷的打扮风格，虽然现在看来还是土得掉渣……2006年年底的时候，偶尔发现勒日本视觉系 miyavi 的朋克风格的打扮，一下着勒迷，第一次化眼线，打唇环，接头

图：杨子浩

拍这样的照片，化妆、打扮的工作量远远大于拍摄。通过拍摄、上传和圈子里的分享，他们实现了对成人世界的反叛。

发，一下变成勒人不人鬼不鬼的样子(那时候感觉好洋气)。慢慢地，我有勒自己的风格，有勒自己的拍照经验……2007 年夏天，我在百度 07 网络红人中初露头角，成勒很多人关注讨论的对象。”[1](笔者注：文中“勒”应为“了”，原文如此。)

Lomo 一族：从前网络时代飘来的风

Lomo 相机诞生于 20 世纪 50 年代的苏联列宁格勒光学机械联合企业，它是一种应用于苏联间谍部门的体积小、操作简单的相机，由于应用领域特殊，它日夜均可以拍摄，无须闪光。这种相机在当时也不是很流行，没有可供调节的光圈，只有简单的 b 门，而且成像质量不高，照片暗角比较大。由于该相机对于红、蓝、黄感光特别敏锐，所以冲出的相片色泽异常鲜艳。

20 世纪八九十年代以来，Lomo 相机逐步转入民用并进入欧美青年人的视野，其拍摄出来的照片以其拒绝对焦、构图等经典相机操作而引领了一种摄影浪潮，Lomo 也从一种相机变成了一种带有独特摄影美学风格的亚文化。虽然有人称 Lomo 是摄影的“卡拉 OK 化”，但是这种摄影爱好者在国内仍然是少数，并且主要是青年大学生和白领，因为玩 Lomo 需要买胶卷、冲印胶卷，这笔日常费用无法省略。喜欢 Lomo 的人被称作

---

[1] 参见 http://home.51.com/xiaolu704453000/diary/item/10048171.html.

Lomographer，即乐摸师或者乐摸家伙。Lomo 摄影追求简单、随意、自由的态度，这正符合年轻人的心态，而这样一种即兴的拍摄，强调了自我的表达，也挑战了传统摄影习惯的“摆拍”“选择”和“修饰”等步骤。

在苏联的那家企业停产后，越来越多的 Lomo 相机被其他器材公司生产出来。虽然 Lomo 相机使用的是胶卷，但是这并不妨碍它在数码和网络时代的流行，使用底片扫描仪可以让 Lomo 一族在网上论坛分享自己的作品，而很多手机和数码相机厂商也在自己的产品中增加了可以模拟 Lomo 效果的功能，很多图像软件也有这样的功能。因此，虽然诞生于前网络时代，但是 Lomo 一族在网络时代依然是一个强劲的拍客群体。

LOMO 黄金法则

1 Take your camera everywhere you go.

机不离手。

2 Use it any time—day and night.

不分昼夜，随时使用！

3 Lomography is not an interference in your life, but part of it.

Lomography 是你生活的一部分。

4 Try the shot from the hip.

把相机放在屁股位置拍照。

5 Approach the objects of your Lomographic desire as close as possible.

近摄！尽可能地接近你期望拍摄的物件。

6 Don't think.

不要想。

7 Be fast!

要快！

图：Lomo 照片

图中的人也手持 Lomo 相机，因为涉及胶片和冲印的花费，当今热衷 Lomo 的人，大多属于白领。

8 You don't have to know beforehand what you captured on film.

你不用完全知道你正在拍什么。

9 Afterwards either.

你也不用记起你曾拍过什么。

10 Don't worry about any rules.

忘记以上守则。

DV 族与视频拍客

DV 族的产生与发展几乎和互联网同步，因为 DV 的诞生就是一个数字媒体时代的标志。1995 年，索尼公司推出了最早的 DV 机——DCR-VX1000，随之而来的是 DV 在全球的走红。1 分钟的 16 毫米胶片从拍摄到冲印所需费用达上千元，比起胶片来，数字视频不仅拍摄成本要低得多，而且便于后期剪接。2002 年初，凤凰卫视开办“中华青年影像大展——DV 新时代”栏目，DV 这种诞生之初多少带点另类气质的事物，突然和大众传播文化产生了交集并涌动着勃勃生机。不少媒体欢呼雀跃，大声宣布“个人影像时代的来临”。然而到现在，长期坚持 DV 栏目的电视媒体并不多，原因在于，DV 制作不可能像电视媒体栏目化运作那么严格，同时 DV 的内容和主流的传媒法则多有冲突。

随着互联网的发展，DV 族出现了几个层次：一类是网络视频拍客，另一类是依然在坚守原来的 DV 作品生产和传播方式的拍客。

随着互联网的发展，DV 族出现了几个层次：一类是网络视频拍客，另一类是依然在坚守原来的 DV 作品生产和传播方式的拍客。网络视频拍客将自己用各种设备拍摄的视频上传到网站，美国的 YouTube 和中国的各种视频分享网站上都可以找到大量此种片子。从内容上看,这些微视频涉及生活中的各种现象和问题,嬉笑怒骂尽在其中;从拍摄者看,有职业化的和准职业化的,有狂热的发烧友,也有偶尔为之和临时玩票的。另外,和拍客联系在一起的还有"播客"(podcaster)这一概念,拍客把自己的视频传到自己的视频博客上,就成为了播客。随着微博的兴起,微视频越来越受到关注和追捧。微视频泛指时间很短的视频短片,一种说法是不超过20分钟,一种说法则是在1分钟以内。微视频内容广泛,视频形态多样,涵盖小电影、纪录短片、DV短片、视频剪辑、广告片段等,是可通过PC、手机、摄像头、DV、DC、MP4等多种视频终端摄录或播放的视频短片的统称。短、快、精,具有大众参与性、随时随地随意性是微视频的最大特点。

糟糠宝宝是一个活跃在网上的视频拍客,因为爸爸是一名摄影师,这个在上海土生土长的女孩从小就喜欢摄影。刚开始只是随便拍拍,并没想过要在网络上出名,让她真正走向网络并广为人知的,还是两年前所拍的《外滩老人》:镜头下80多岁的安徽老太太,独自在上海外滩以乞讨为生,尽管求人施舍,但每天却把自己整理得干干净净。视频上网后,不仅老人成为公众关注的焦点,糟糠宝宝这个名字也在一夜之间红遍网络。此后,糟糠宝宝开始了一发不可收拾的拍客生涯,以女孩特有的细心,关注着社会上的弱者。据报道,糟糠宝宝从事过的职业种类很多,开过饭店,也做过化妆品行业的主管,2008年1月她开始进入职业拍客角色后,平均每月能从视频分享网站获得5000元。而像她这样的职业拍客组建了一个QQ群叫中国拍客联盟,群内有多名职业拍客,他们经常在一起交流拍片心得,也沟通一些视频网站最新的奖金政策和有奖活动等。[1] 上文提到的另一

---

〔1〕 佚名.拍客.商界,2008(9).

类 DV 族是原来的独立影像人，在中国，这一群体可以追溯到 20 世纪 80 年代末的“新纪录运动”，他们独立于主流文化形态之外并影响了主流的电视纪录片的拍摄。独立影像制作与互联网的联系并不十分密切，因为这批爱好者比较在意自己影像作品的版权问题，同时他们的片子内容也显得先锋和另类。在互联网尚无法提供一个这类片子的播出和版权解决机制的时候，他们的片子在网上能看到的并不多。但是，这些影片偶尔会在网上流出，也有很多人用 p2p 的方式在传递，网上的各大论坛和很多 SNS 类的网站中，经常会有关于这些人和他们作品的讨论，而这也增加了他们作品的神秘性。

图：《外滩老人》视频截图
一个在上海长大的女孩，能用摄像机关注一个年迈的外来乞讨者，这体现了拍客积极的立场和价值取向。

独立影像在国内的传播途径主要有两个，一个是各类民间的影展和电视节，一个是日常的“地下”交流——在城市的某个地方聚集观影。据笔者考察，在北京、上海、广州等大城市，都有这样的拍摄交流和观影活动，而类似“豆瓣”等的网站则起到了信息沟通和网络俱乐部的作用。例如，北影周围的酒吧，经常播放北影学生的作业或者实验片子，另外，北京宋庄、798 艺术中心等也有几个据点。独立影像一族要维持自己的独立非常不容易，除了个别人能获得国外资助，大量的独立影像人必须有一份能挣钱的工作来维持自己的这个爱好。当然，这其中有很多年轻的学生，他们将独立影像拍摄与制作当成自己跨入影视界的入门实习，但最终是为了在现有的主流影视文化中获得一席之地。

群拍族和私拍族

如果没有互联网,我们很难知道这样隐秘的拍客群体。2010年在网上沸沸扬扬的闫凤娇"艳照门"事件和2011年人大女生苏紫紫"裸模事件",呈现在众人眼前的是一块有关群拍和私拍的灰色地带。而互联网则为这群拍客的聚集提供了方便,很多拍摄信息和拍摄者的招募都通过网络来实现,更需要注意的是,网络使得这些照片变得十分容易传播,而一旦这些照片在公共空间传播,它们的影响则超出了亚文化的范畴。

作为新兴摄影圈,群拍、私拍有特指含义。所谓私拍,参加者限定1~3个人,群拍限定4~6人,最多不超过10人,而拍摄的对象一般为"人体模特"。据媒体报道,在拍摄现场,模特一般要大尺度地暴露身体,而拍摄者则通过付费获得拍摄的权利。从艺术的角度看,这可以是一种人体美的探索;而从反面看,这是一种改良的色情交易,男性拍摄者通过相机间接地支配了女性的身体,这冲击了社会道德的底线。

到底是为了追求艺术,还是为了猎奇甚至情色欲的满足?群拍族和私拍族游走在道德和法律的边界上,是一种特殊的亚文化群体。从目前的法律框架来看,如果被拍摄者纯粹基于自身欣赏或收藏的目的,在特定场所拍摄的人体写真,只要不进行传播,应当不为法律所限制;如果以艺术为名而行色情之实,将所拍摄的照片进行传播,或者拍摄以商业交易为目的,则会触犯相关法律。

"随手拍""晒客"与"公民记者"

头顶箩筐骑着摩托的师傅在闹市中穿梭而过;家

里的猫咪懒洋洋地蜷缩在小窝里；绿叶中偶拾一片精致的红花瓣；挡灾招福的红底裤挂满了窗前；还有黄昏下老夫妻携手走在林荫小道上；甚至，天边的云忽然形成了“心”的模样——我匆匆而过，它们如过眼云烟，看见也像看不见；你却心有所触，一一用手机记录，于是你成了拍客。或者有一天，我为你把我遗漏在眼角之外的景致重现而哈哈大笑，或者有一天，我成了你眼中的新风景。

上述是2006年《南方都市报》报道“都市拍客拇指总动员彩信大赛”的一段话。随着手机拍照功能的普及，“随手拍”成为了一类人的爱好，无论走到哪里，掏出手机拍上一通。因为手机拍照在清晰度和尺寸方面存在局限，很多人拍了照也就存在手机里。

当随手拍遇到微博之后，这个潮流的热度更加炽烈了，突破了以往随时拍而无法与人快速分享的局限。

当随手拍遇到微博之后，这个潮流的热度更加炽烈了，突破了以往随时拍而无法与人快速分享的局限。随手拍的内容十分琐屑，个人旅行、逛街行走、身边趣事，都可进入其镜头，有时甚至可以没有任何意义和实质内容。与相机不同，手机本来就是在手上，因此随手拍比用相机拍摄更显得随意和轻松，因此有人把随手拍的人说成是“手机党”的一种，也把孔夫子的话改成了“三人行，必有拍客”。而把随手拍到的照片传到论坛、微博、博客或是社交网站上，那你就变成了一个“晒客”。

随手拍个案：大学毕业生薇薇

对于大学刚毕业的女生薇薇来说，随手拍已经成了一种习惯，买了新衣服、换了新发型、房间换了新窗帘，她都会顺手拍一拍，传到微博上。“这样一来，大家都知道我最近做了什么，有时候很久没联系的朋友看见了，还会主动跟我交流。”对于很多像薇薇这样的年轻拍客来说，用照片记录生活，在社交平台上发布，其实是在主动传递有效信息，引起所在圈子的注意和共鸣。

“我并不懂摄影，对拍照也没有什么特殊的爱好，只是觉得生活中常常有很多有趣的事情，拍下来和家人、朋友一起分享，顺便告诉他们我的状态，这是最直接的方法。”薇薇说，拍照不仅加强了自己和朋友的联系，还能为自己招来更多志同道合的朋友。她把新买的宠物狗的照片发到网上，很多网友看见后跟她讨论养狗的话题，让她获得了很多实用的信息。

在薇薇的身边，很多朋友都和她一样，是个到处随手拍的拍客，他们不见得有多么高超的摄影技巧，但每个人对生活的观察都很敏锐。“大家现在好像都养成了一种习惯，随时随地把身边的事情拍下来、发布出来，让所有的人都知道。分享是我们的乐趣。”薇薇说。

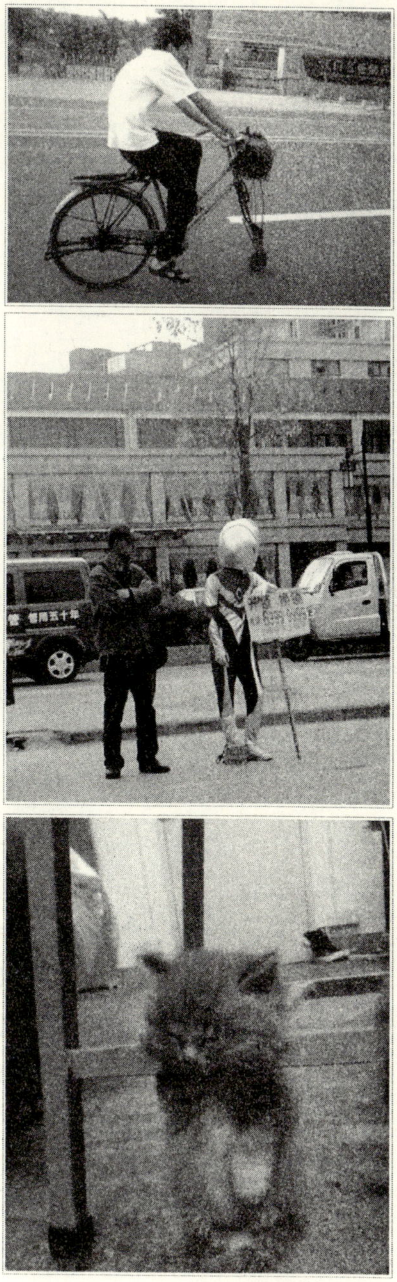

图：网上的拍客拍摄的各种搞笑图片先“拍”后“晒”是这类图片的传播轨迹，类似的影像在网上到处被转载，也不知它们的作者是谁。

从“拍”到“晒”是一个完整的链条，拍了不“晒”，只是一个人的游戏，而拍了且“晒”，就变成了一群人的狂欢。追溯“晒”的源头，有人认为“晒”译自英文 share，意即分享；也

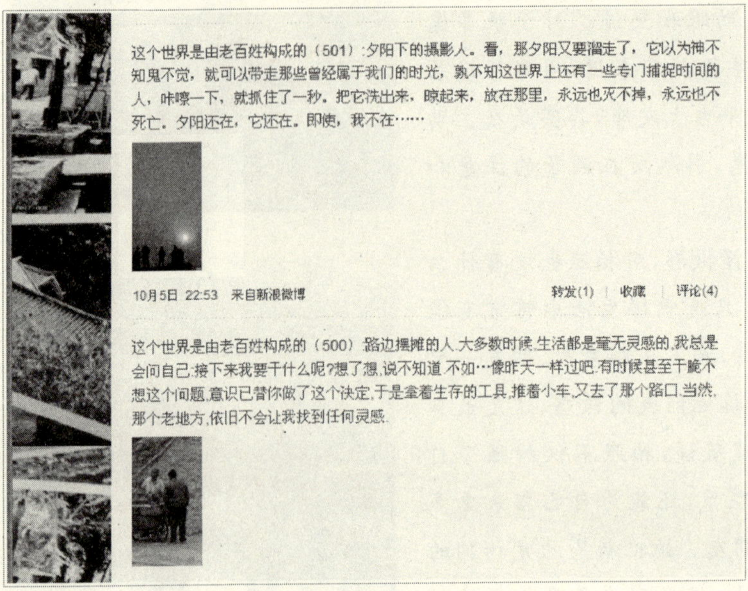

图："瞎拍"的微博

虽然名为"瞎拍"，但是博主还是有所选择的，不同的照片所配的文字也阐发了博主的想法。

有人认为古有晒书，现在引申为"显摆"，在保留古汉语最多的粤语中，"晒"字也向来有此用法。以"晒"为主题的网站、网页层出不穷，"晒情感""晒工作""晒育儿经""晒购物经"，除了你不想"晒"的，其他无所不有。

笔者在新浪微博上看到一个名为"瞎拍"的微博页面，这个微博的主人是一个在广告界工作的年轻女性，85后。她自2010年年底注册微博以来，迄今一共发了500多条微博，每条微博都是一张随手拍的图片配以一段文字。虽说叫"瞎拍"，但她的主题很明确，每条微博文字的开头都是"这个世界是由老百姓构成的"，正如博主在签名档中说的"每一个人都是我的主角"。这个微博的访问量并不是很大，博主用随手抓拍到的图像和带有灵性的文字，营造了一个属于她自己的叙述空间。文字不是简单的对图片的解释，而是加进了博主个人的想法。

值得关注的是，近来"晒客"队伍又杀出两支劲旅，一个叫"晒黑族"，主要揭露社会阴暗面；另一个叫"晒红族"，主要表扬社会上积极向上的东西。他们以社会问题作为观察和评析的主要对象，指点江山，激扬文字，直接触摸社会神经，表达群体意志。从这个意义上看，某些“晒客”已经突破了自我关注的藩篱，具备了一定的“公民记者”的素质。

“公民记者”即 citizen journalist，这也是博客兴起之后的一个亚文化群体。很多时候，因为拍摄者自己身处在事件之中，所以往往会提供给读者更加原始的新闻素材，特别是在突发事件当中。2003 年的南亚海啸，2004 年的美国卡特里娜飓风，2005 年伦敦地铁爆炸，2011 年北京大雨，都是由各国的公民记者率先拍好照片，传到网上。虽然公民记者有他们的局限，比如无法深入报道，缺乏新闻专业素养等，但是新闻已经走向了互联网时代，在这样的情况下，不应该对公民记者这种自发的群体抱有抗拒的态度。当然，公民记者需要用文字和图像来说话，这已经超出了单纯的“拍”的范畴，但是在中国当代的特殊语境下，公民与新闻的叠加，凸显的恰恰是话语权的扩大与转移。

“谁都能做拍客”

和以往亚文化以阶级、宗教、性别为区分标准不同，拍客往往是处于变动的、跨界的甚至是转瞬即逝的分类之中。在这里试图给拍客贴上各种分类标签，完全是出于叙述的方便，因为很多拍客无法完全被归入某个类别。各种各样的人在网上发布各种各样的影像作品，这些人绝大多数不是冲着金钱去的。在各种拍客空间里，大家都在通过影像表达自己，在倾听和关注某些问题。传统电影、电视的那种“播放—观看”的传受格局被互联网影像改写，拍客很可能是自由无羁的多重“拍摄—上传—播放—评论”的关系，这些关系不断调整着拍摄者和观看者、评论者的位置，其位置甚至随时可以互换。因此，我们认定，在这个 Web2.0 甚至 3.0 就要到来的时代，“谁都能做拍客”。于是有网友在自己的微博里这样说：“我爸超级可爱，看我喜欢拍照，成天说给我换镜头，而且还常把我的QQ号告诉他那些摄影大师级的朋友，让他们来指导我。这个牛叔叔是我爸认识30多年的好朋友，省摄影协会的。我亲爱的爹呀，我瞎拍无非是为了记录生活，你让一个教授级的人去看小学生的作业这不是扯呢么。”

正如2006年年末《时代》周刊在评选“年度人物”时选出的人是“You”，在一闪念之间，在举手之间，在拍与被拍之间，我们都可以用图像的形式来表达自己。譬如，网上有“我爱街拍”的帖子，所拍的大多是街头的摩登女郎，拍她们时尚的包、衣着、表情和身姿。有一些人专门拍那种容易被忽略、遗忘的街景，如一个在街角晒太阳的老头，一个在河边捡垃圾的小孩，等等。再比如专门以搞怪为主题的拍摄，常喜欢拍那种长得特别臃肿、肥胖或者瘦弱的人群，或者将一个平时端庄严肃的人拍成搞怪的小丑形象。这些拍摄，带来了审美标准的多元化。

和传统的亚文化相比，网络时代的拍客亚文化内容是迅速变化的，拍客的身份也是迅速游移的，前一分钟你可以拍自己故作萌态，下一分钟你可以拍他人的非常造型；今天你可能混迹于某个杀马特论坛，明天又摇身变为一个晒客。

和传统的亚文化相比，网络时代的拍客亚文化内容是迅速变化的，拍客的身份也是迅速游移的，前一分钟你可以拍自己故作萌态，下一分钟你可以拍他人的非常造型，今天你可能混迹于某个杀马特论坛，明天又摇身变为一个晒客。所以，我们倾向于将拍客描述为一种行为或是人群的渐变式的“光谱”，在这个谱系中，一个拍客可以完成他从业余到专业的变化、从自拍到拍他的转换、作品从静态图片到动态影像的升级。

描述拍客的“光谱”，在于析出他们草根甚至民粹的身份。这样的身份既是他们对公众标榜的身份，也是他们内部在彼此交流过程中相互认同的身份。因为草根，所以掌握和操控主流影像的人群在一开始并不把他们当成一回事；因为草根，他们不免在很多时候保留自己的棱角；同时也因为草根，拍客有可能从“底层的表达”进入“民粹的表达”的状态。平心而论，站在一个知识分子的立场上，我认同拍客，但是必须指出他们可能带来的问题。

描述拍客的“光谱”，在于析出他们从自娱到娱人的态度。当我们比较中国的视频分享网站和美国的 YouTube 时，可以发现一个巨大的差异：美国人在前网络时代就有家庭录像的习惯，将自己拍的东西放到网上只是某种延伸，中国的拍客基本上都是在网络时代成长起来的，先天不足的他们要在几年走完别人走了几十年的路。因此纵然都是自娱和娱人，中国拍客在内容选取和把握上还有很多的不足。

描述拍客的"光谱"，在于析出他们与主文化(或主流文化)的对话关系。如果一种亚文化不与主文化(dominant culture)进行对话，那么这种亚文化就很难称之为亚文化，相反应该被称作"反文化"。这也是为什么我们在这里没有把诸如偷拍放入拍客的序列中的原因。拍客亚文化与主文化的对话可能是反讽、揶揄，也可能是补充、校正，它挑战了主文化的绝对合理性和完全正当性，提醒我们影像文化的丰富性与小众性。

描述拍客的"光谱"，在于析出他们与主文化(或主流文化)的对话关系。

二、另类的风景

我们把拍客拍摄的内容称之为"另类的风景"，这里的"另类"对应的英文是 alternative，其实也不妨叫做"别样的风景"。互联网上的拍客亚文化发展也有其几个阶段：1997—2003 年可以称作拍客的自发阶段，网络内容主要以文字为主，出现图文传播的倾向，有一些图片网站，很少有视频内容，当时国人对网络事件关注度不高；2004—2006 年可以称作拍客的驱动阶段，2003 年开始 Web2.0 时代，2005 年博客异军突起，网络拍客现象从此火爆，竹影青瞳(2004)、芙蓉姐姐(2004)、后舍男生(2005)、优酷网(2006)等拍客关键人物和关键网站集体亮相；2007 年至今可以称为拍客的自觉阶段，拍客及其作品已然成为许多轰动性事件的源头，最牛钉子户(2007)、上海环球金融中心起火(2007)、成都地震(2008)、励志哥(2009)、央视拍客群

(2009)都将拍客的印记熔铸在了互联网发展乃至整个社会发展的进程中。

其实，并非这些成名的拍客或拍客事件构成了拍客亚文化，“拍”这种行为已经深深影响了一代中国年轻人，一些典型的亚文化事件仅仅是在特定的历史时期出现：它们浮出水面，变得可辨认并被贴上标签；它们一度控制公众注意的舞台，然后它们淡出、消失或被广泛传播以至于失去了它们的独特性。但是，需要我们考察的是生产这些典型亚文化事件的土壤，或者说产生这种亚文化的文化环境。

从拍摄者与被摄对象是否重合来看，拍客大体上可以分成拍自己和拍他人两类。如上文所述，拍自己的方式是对照相馆式的肖像照的颠覆，当“数码相机＋电脑＋网络”的组合成功出现之后，自己是最好的拍摄对象，因为这样用不着麻烦别人。把自拍的照片传到网上，可以获得一种兴奋甚至是快感。

从心理学上分析，这种快感来自于每个人对自己身体的无限的期望和眷恋。从少年到青年再到壮年和暮年，只有青年的时段是有能力而没压力的。每个人在这个阶段接受新事物的能力最强，更重要的是，从外貌上看，这也是每个人最漂亮或者帅气的阶段。因此，当我们在网上看到“本人自拍，请轻拍砖”之类的帖子时，一般来说，我们看到的都是一个年轻人的照片。

你可以把自己打扮得很潮或者很怪，再用一个非主流甚至歪歪斜斜的角度拍出来，但无论怎样，这样的照片显示了青年一代的某种偏向。一项在大学生中的调查发现，有一半左右的大学生有过把自己的照片或视频上传到网络上的经历。其中2.27%的大学生曾把自己的身体、私密放到网络世界里，有10%左右的大学生上传的是自己的物品、家居，还有10%左右的大学生上传的是自己独特、个性的照片。这一系列数据说明，参与到自拍文化潮流中的大学生并不在少数，大约有1/4的大学生已经被卷入进去。张爱玲有句名言叫“出名要趁早”。在社会日益浮躁的今天，身处精神家园里的大学生也被这种风气感染了。在上传自己的靓(酷)照的大学生中，约1.25%的大学生是为了成为下一个网络红人；近一半(46.875%)的大学生则是为了和同学、朋友等分享自己的照片或视频，以让对方了解自己的近况；而约17.5%的大学生则是为了向虚拟世界里的广大网民展示自我；把网络空间当做存储空间的占14.375%，因注册用户名(实名制)上传照片的有16.875%，其他的占3.18%。[1]

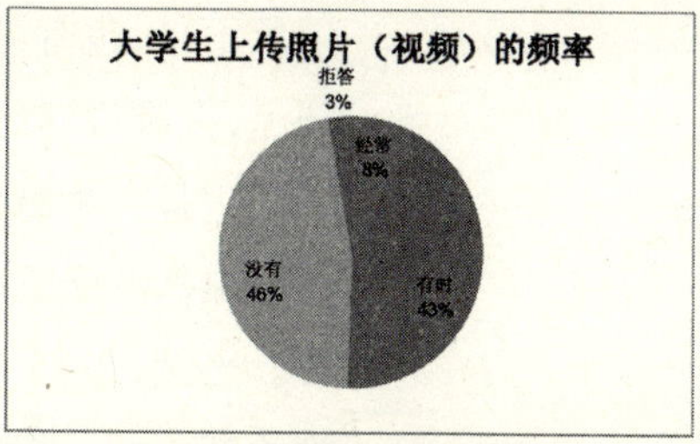

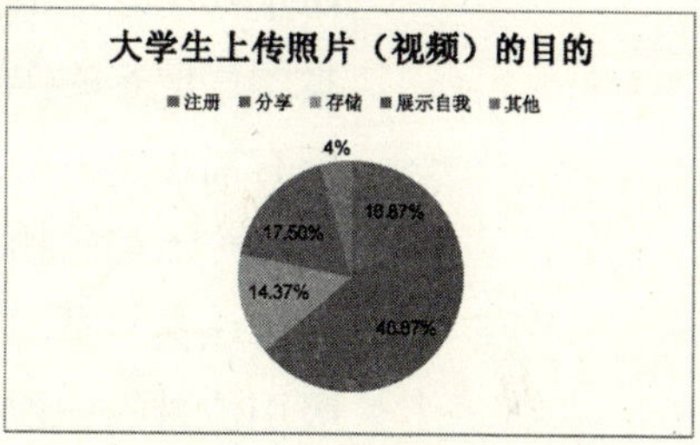

图：大学生上传照片(视频)的频率和目的

值得注意的是，在自拍族中，女性的比例甚至高于男性。传统中国文化观念中，女性一般不被允许抛头露面，更不要说摆出各种另类甚至是出位的造型了。从当年名噪一时的竹影青瞳在天涯论坛公布自己的裸照，芙蓉姐姐在清华BBS上发布自己夸张的S形曲线的照片，再到近年的苏紫紫、郭美美，无论这些事件以何种方式开始和展开，“青年女性”“自拍”“身体”这些关键词无不贯穿其中。年轻的女性以一种特殊的方式展示了自己的身体，从而获得了关注和话语权，而网上公众则对自拍引出的各种话题各持己见。

值得注意的是，在自拍族中，女性的比例甚至高于男性。

除了自拍，拍客影像从内容上分，大多是以下几种：琐屑类、热点类、猎奇类、剧情类和颠覆类。

琐屑类的拍客影像最常出现在个人博客、微博或是社交网站的个人页面上，如某个博主将自己每天的衣食住行都用图片

〔1〕 马中红、征鹏，等. 网络青年亚文化传播路径研究报告——基于江苏21所高校的调查. 中国广告，2009(5).

记录下来，也有可能是一个人将自己一段旅程的点点滴滴放到网上，很难说这些图片或者影像有什么意义，或者我们说，没有意义也是一种意义。对于长期面对喜欢将意义赋予传播内容的中国媒体的受众来说，看看这类拍客的内容，也许也是一种调节。当然，还有一种高级的拍客，对一件普通的身边事，也可以赋予其深意。根据笔者的考察，在很多长期玩博客的人中，有一批图片博客的作者，他们的博文多由大量自己的照片组成，图片配有简短的说明文字，看起来很过瘾。

热点类的拍客影像往往会从拍客个人的网络空间扩展到公共论坛甚至是门户网站上，这甚至成为大多数论坛和门户网站吸引流量的一种手段。随着数码设备的小型化和普及化，很多社会热点事件、焦点时刻都被普通的公民记录下来并传到网上，更有一批职业或半职业的拍客集合在各种网络媒体的外围。根据中国目前对互联网的规定，非传统媒体开办的网站并没有新闻采访权，因此很多拍客的原创作品就成为这些网站的重要内容。

猎奇类的拍客走的路子和热点类拍客近似，只不过前者偏向于拍摄各种奇闻异事，后者偏向于拍摄热点动态。打开很多门户网站的“视频”或者“拍客”栏目，其中大量的内容都属于猎奇类，从《狮形怪石惹人疯狂祭拜》到《老人秀缩骨功穿 3 岁童装》，无不如此。客观地看，这类拍客影像有一定的可看性，但是很多内容也存在着窥探隐私、夸张渲染等问题。在下一章“揭秘拍客走红”中，我们会详细探讨热点类和猎奇类拍客。

上述几种都属于原创性或纪实性的拍客文本，此外还有剧情类、颠覆类的拍客。剧情类的拍客在整个拍客群体中比较少，因为拍摄剧情类的内容需要剧本创作，往往在大学生中流行，我们经常看到某地大学生筹拍的电影、电视剧可以算作这类。而对拍摄场景和对象做出古怪的安排，或是对已有文本，包括文字、图片、影像等的改编，如对文字的篡改、图片的嫁接、影像的翻拍等，这些往往带有恶搞性质，我们把这类拍客算作颠覆类。

无论是将拍客还是他们的作品分类，其实都无法做到完全准确，因为从根本上说，拍客文本是 UGC 式的，与以往任何时候的媒介内容在生产方式上都划出了巨大的分界线。所谓 UGC 指的是用户生产内容(users generate content)，从最初的以文字为主的互联网，到后来逐渐有了图片和影像，再到现在 UGC 方式的博客、微博、社交网站，技术降低了传播、表达和分享的门槛，Web1.0 和 Web2.0 之间的变化也就体现出来了。拍客习惯性的多媒体表达、既是作者又是观者和评论者的“跨界”身份，让内心的情感得到另一种形式的抒发。既然内容是无限多网民自己生产出来的，哪能够用几个简单的标签将它们轻易地归类呢？

拍客文本是 UGC 式的，与以往任何时候的媒介内容在生产方式上都划出了巨大的分界线。

从 2009 年夏开始，中央电视台的《人与社会》栏目把周六版的节目定名为“民众影像”，节目全部采用拍客的内容。笔者在网上搜索到了该栏目 2010 年 2 月 6 日的“民众影像”，当天的节目一共 38 分钟，包括这样几段：1. 拍客徐健拍摄的“全中国最牛的轿车”，影像中的车主把自己的车漆成红色，上面绘有国庆 60 周年的图案。2. 一段作者不详的视频，内容是机器人模仿韩国影星。3. 拍客俞小林，56 岁的浙江海宁人，通过拍摄一个卖淫团伙的活动，协助公安机关抓获了这个团伙。这个片子长度有十余分钟，主持人通过串场，把各个片段联

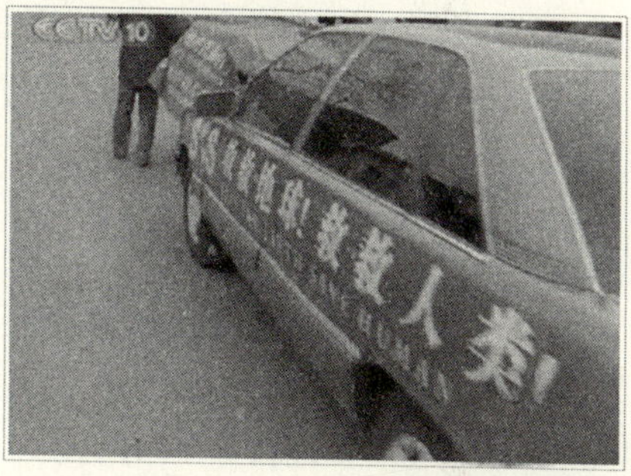

图：央视《人与社会》2010 年 2 月 6 日的“民众影像”截图
这样的视频内容出现在央视屏幕上，打上了 CCTV 的标签，是不是和原来的节目风格有很大区别呢？

系起来。4. 拍客闪志强，拍摄假装学生乞讨的年轻人，通过画面证实这两个年轻人冒充乞讨者，从而揭穿了他们的把戏。

纵观整个人类文化生产的历史，文化，尤其是大面积传播的文化，其内容的生产一直处于社会精英或是国家的控制之下，我们从来就没有遇到过一个自己创造文化内容并且可以让它广为传播的时代，从印刷媒介到传统电子媒介的转换，实现的是文化产品由少数人欣赏变为多数人欣赏的转变，然而生产者却一直是少数人。时代和技术实现了这一点，虽然今天中国的拍客影像在内容上还很浅显，在形式上还很幼稚，甚至不免受到各种其他力量的牵扯，但是作为一种这个时代的亚文化生产方式和亚文化心态，它已经证明了自己存在的意义。

三、自我的呈现

亚文化是现代文化的一个独特方面，它建立在对文化和价值多样化的接受的基础上。而网络作为一种新媒介，也作为一种机构逃避的场所，为青年寻找和建构自己的身份提供了一个模糊却安全的平台。所以，各种类型的网络亚文化在文化宽容的保护伞下得以快速演化，主体的文化间性也越来越被客体的文化所占据，而当文化作为一种意识生产的工具时，它就越倾向于成为一种身份的言说。而青年有着强烈的“代际反抗”精神，因为他们是失语的主体，所以他们必须找寻一种合适的言语来表达他们的身份，从而不被传统的世界忽略和遗忘。

风格是拍客确立自己区别于其他影像生产者的标签，拍客影像的风格并没有独立于社会语境之外，而来自于拍客对物质世界中物品元素的某种借用和改编。通过风格的展示，阶级、群体、性别等关系都得以关注和展示。

风格是拍客确立自己区别于其他影像生产者的标签，拍客影像的风格并没有独立于社会语境之外，而来自于拍客对物质世界中物品元素的某种借用和改编。通过风格的展示，阶级、群体、性别等关系都得以关注和展示。

个性张扬

中国传统文化特别强调一致性和统一性，不提倡甚至压抑个性，正如我们几千年的农耕文化的核心是群体本位而不是个人本位。随着整个社会向现代过渡，个性张扬逐渐成为了今天青年一代的选择，在这个前提下，拍客也将自己的个性融入了自己的作品之中。无论怎么拍，唯一的标准就是区别于传统、区别于以往、区别于主流。

在这里，我们不妨想想法国著名的社会学大师布尔迪厄关于"区隔"的著名观点。布尔迪厄认为，社会阶级并非单单通过人们在生产关系中所处的位置(position)来界定，而是通过阶级"惯习"来界定的。这里的"惯习"就是某种倾向和特征的意思，换句话说，某个阶级通过"惯习"完成了他们特定群体的指认，而拍客通过种种做法标榜自己的特立独行，恰好证明了布尔迪厄的这一观点。

布尔迪厄在《摄影的社会定义》一文中指出，在大多数集体照中，人们总被显示为紧挨在一起；夫妇照片中，夫妻以完全传统的姿势，搂着对方的腰站着；要是谁在一个庄重的场合(比如婚礼)的群体中摆出不适当的姿势，就会引起不满。对待照片的态度，其成规性似乎关涉社会关系的风格，不同人的不同姿势，直接反映了所谓的"优雅趣味"和"粗鄙趣味"的对照。文化实践是社会各阶级之间与同一阶级的成员彼此之间的主要斗争场域。

今天中国的青年一代虽然不能用"阶级"一词来指称，但是这一群体与成年人群体相比，他们有着自己的想法、情绪和愿望。通过独特的拍摄实现自己的表达，看别人拍的东西，分享别人的心境，点击各种新奇的图片和视频，这些方法他们的父母有可能不会，也可能不屑，而这样的文化实践恰好给青年人贴上了共同的标签。

活在当下

有人戏称，一桌人吃饭，饭后在桌边聊天的是70后，一起去唱卡拉OK的是80后，坐在桌边既不聊天也不离开的是90后——他们每人拿着个手机自拍然后传到网上。今天的网络拍客亚文化，有着强烈的当下性，拍客大都关注自己身边的事，几乎不追溯历史，见什么就拍什么是一种态度，也是一种风格。这种风格是技术带来的，数码产品随身携带提供了随手拍的可能；这种风格更是青年人的某种"症候"带来的，活在当下(Live in the present)已经成为了年轻一代的标语。

因为总是面对当下，所以拍客颠覆了经典摄影家和美学家们的各种理论，无论是布列松的"决定性瞬间"还是莱辛的"包孕性顷刻"，那些主张经过漫长的等待来捕捉精彩瞬间的做法被拍客彻底摒弃了。哲学上说时间就是由若干个当下组成的，传统摄影强调的是对当下的精选和剪裁，拍客的随意性、琐屑性都构成了对传统摄影的反动，Lomo定律里说的"你不用知道你拍摄的是什么""你也不用记起你曾拍过什么"更是突出了"拍了就好"的意味。

同是"喀嚓"一下，传统的摄影教程要求"从眼睛水平高度拍摄"，拍客却可能从屁股水平高度拍摄，或者高高举起相机来拍。在颠覆了传统的摄影美学之后，拍客试图建立起自己的网络大众摄影美学。不可否认，因为拍客太多太杂乱，这种美学何时能建立还是一个未知数，而因此带来的摄影艺术的民主化抑或卡拉OK化，却又是一个耐人寻味的话题。

网络涂鸦

街头涂鸦是20世纪六七十年代在西方国家兴起的一种青年亚文化，最早是指青少年在公共建筑外立面乱涂乱画。例如，在纽约最穷的布朗克斯区，很多年轻人趁着黑夜在街头上涂下写，为的是让行人看到自己的作品。从贫民窟的围墙、栅栏，再到各种公共空间，涂鸦逐渐成为了一种全球性的文化运动和艺术形式。街头涂鸦具有反权威、反传统、我行我素、不可压制、既幽默又冷嘲热讽的特点，它不受商业法则的控制，更不受社会和官方的管束。有趣的是，这种一开始被视为破坏城市环境的行为，到了后来逐渐获得了主流文化的认可，也逐渐从边缘走向了中心的地位，以至于现在很多国家专门辟出公共空间供年轻人涂鸦，并以此标榜城市的文化味。当然，这样的涂鸦在内容和风格上已经不得不作出自我调整和约束了。

拍客能否看成是网络时代的涂鸦呢？技术和更自由的方式，让昔日的艺术越来越成为大众掌握的游戏。新媒体吸收诸多传统艺术形式之长，集图片、声音、文字、影像与互动艺术为一体，而网络和技术赋予它的是廉价和便捷。如果说在网络兴起之初玩“拍”的人有不少属于精英人群和专业人士的话，那么到了现在，拍客中的大多数已经和涂鸦者很相似了，只不过当初被涂的是实实在在的公共空间，而拍客占据的是网络中虚拟的公共空间。时光倒退到半个世纪前，谁能想到当时被贴上“问题”“骚乱”等标签的涂鸦文化会变成今天被艺术家肯定的一种形式？非主流的亚文化物种逐渐成为主流雅文化。

更相似的是，涂鸦是一种临时的艺术，拍客作品也是这样。每一个时段就会有新的作品出现，新的作品也会很快覆盖旧的作品，没有一幅涂鸦是永恒的，也没有一个拍客作品会一直流传和走红。也许，拍客的魅力就在于此，不清楚什么时候会出现，不清楚在哪里出现，作品的生命周期无法预计。然而，可以预期的是，每时每刻都有新的拍客和新的作品出现，拍客的形态就是通过大量的新作品和其中持续传递出来的拍客精神来延续的。

反“视觉奇观”

如果把拍客的内容和风格与整个中国当代的视觉文化产业来对比的话，我们会发现，拍客是反对当下的种种“视觉奇观”的。拍客以自己琐细、平淡的风格，拆解了“视觉奇观”对我们的种种诱惑。

整个中国90年代以来的视觉文化和影像文化，也重蹈了西方几十年前的老路，视觉媒介大规模地侵入了社会生活和日常生活，在影视制作、广告、表演、MTV、电视、平面设计等诸多领域中，视觉符号被大量制造和复制。这样的结果是商业化的影像与奇观化的影像的交织。在视觉文化构建的社会情境里，大众处于图像的严密包围之中，人们的兴趣、爱好在绚丽的视觉景观中飘忽不定，消费活动助长了新的炫目的视觉文化不断涌现，人们在追逐消费主导的视觉文化形式的过程中，认同性出现紊乱。正如默克罗比说的，当代的图像“通过采用能产生震惊效果的手法、信誓旦旦的保险、性和神秘感，以及邀请观众参加一系列视像猜谜游戏，千方百计地争夺人们的注意力”[1]。同时，奇观化的视觉现象也影响着今天的人们：光怪陆离的高楼大厦、大型现代化超市、无处不在的广告、灯红酒绿的休闲场所、全天候的电视节目、体育赛事、时装秀等，构成了城市的视觉奇观。那些凝聚着财富和想象的城市符码改变着人们的生活方式和生活习惯，城市社会图像、信息和节奏也日益改变着人们的感觉方式和思维方式。

和上述大规模侵袭我们的视觉文化不同，拍客影像大多以一种碎片化的、平常化的风格示人。虽然很多拍客视频是粗糙的、浅薄的，但其中恰好反映出了拍摄者的心声。哪怕随便说点

---

〔1〕 安吉拉·默克罗比．后现代主义与大众文化．北京：中央编译出版社，2001:28.

什么,也是“一花一世界”。一面是通过影像塑造的欲望的修辞已经为大众所不满,另一个方面,在社会视觉文化中仍然占主要地位的主流意识形态影像依旧存在着说教的语气,这在一定程度上解释了大量主流影像和商业影像被篡改和恶搞的原因,也解释了拍客盛行、拍客内容被追捧的原因。在奇观化的反衬之下,庸常的生活反而显得真实和珍贵。

四、拍客亚文化的生产流程

从拍到播

从最初崭露头角到现在遍地开花,拍客通过自我和外在的双重力量,形成了自己的群体认同。2005 年 5 月,当时的拍客网站拍客天下(www.fzone.cn)在中国较早提出网络时代拍客的概念,为所有喜欢使用拍照手机、数码相机娱乐的年轻人提供了共享平台,而多媒体博客则作为最初的着陆点,以期摸索出一条适合中国网民的人际网络模式。随后,一系列播客(podcaster)网站、视频博客(video blog)网站、视频分享网站、门户网站拍客频道等的出现,为拍客的聚集提供了各种平台。从 2006 年中国视频元年开始,拍客的含义悄然发生了变化,从图文影像向视频影像过渡,不仅反映出互联网技术的升级更新,也体现了网民对生活、社会、热点、记录和传播的全新思考和源发兴趣。因为网络“烧钱”的特性,包括拍客天下、拍客网(www.paicast.com)等很多平台出现后很快消失,其他的平台也经常分分合合,但是活跃在网上的拍客群体却不断壮大。

从表面上看,拍客影像的生产存在着“从拍到播”这样的简单流程。一个人将照片或视频拍下之后,有可能对其进行简单的处理(如调整大小、色彩等,或是对视频进行剪接),也可能直接上传到网络。在 Web1.0 时代,上传照片到个人网页需要掌握 html 语言，上传照片到各种 BBS 的速度很慢，而上传视频几乎是不可能完成的任务。到了 Web2.0 时代，你可以轻易地一次上传上百张照片，也可以在视频分享网站给自己安个家。

技术是欲望满足的一个条件。技术不仅满足了欲望，而且激发了欲望。有了种种技术之后，人心里的某些东西就像打开瓶盖的汽水一样被激发出来了。照相机刚进入中国的时候，许多民众很排斥它，他们拒绝拍照片，因为担心拍照把魂给吸走了。就在这百十年间，一切坚固的东西都烟消云散了，在技术上中国人已经做到了和西方同步，而在这里需要我们注意的是，西方的拍客更多地将拍摄作为一种社交，而中国的拍客除了社交，还把拍当成是一种公共表达的媒介。因此，当你仔细比较美国的 YouTube 和中国的优酷时，你会发现，YouTube 里面的影像更像一个个私人的影像专辑，而优酷更像是网络电视台的公开频道。因此，虽然都是拍和播，但是不同的拍客群体存在着较大的差异。

从拍到传播其实才是整个拍客亚文化的流程，当然还得算上传播之后的反馈。在这个意义上，拍客亚文化从属于图像亚文化或者亚文化图像，而在拍与播之间，拍客完成了自己的一次亚文化行为，在点击与反馈之间，观看者完成了一次认同或反对。

群体认同

从知道到接受是一个思想转变的过程，而行动的转变往往会紧随其后。参与、创制等作为行动的表现，已经成为网络青年亚文化的重要特征。青年人抱着试试的态度进入某个或某些亚文化领域，在一部分人悄然退出之后，另一部分人会表现出更深层次的行为——创制。因此，早期的后舍男生、《一个馒头引发的血案》等被广泛传播后，出现了大量跟帖讨论、模仿甚至更有影响的作品。以热门视频为例，网民首先会“就地取材”，把自认为好的视频立即传播给身边的人；然后，部分网民会利用自由的网络空间进行超时空传播(即转载、分享、下载等)。同时，总存在着一部分人，他们不想做看客，他们的骨子里有着模仿甚至创作的欲望。这些人就进入到了创制这个更深的层面，拍客就是这样的一群人。

拍客群体通过在一起交流，强化了拍客的信念，并对其观念产生了忠诚感。拍客的群体认同有三层含义：一是群体内部的互动行为。以拍客为主题的网络平台已比比皆是，在这些平台中，人们交流作品与拍摄经验，在互动中寻求对图像观念和实践方式的深层认知。二是群体内部的同化。同化行为是互动行为作用的结果，互动行为在一定程度上决定了拍客对待世界的集体性观念。它使群体的一致性得以加强，一部分拍客在创作意识上被另一部分所同化，整个群体在视觉审美和价值观念上趋于整体化，图像的视觉语言开始呈现风格特征。三是群体内部的分化。拍客一方面将自己归于一个亚文化群体，而另一方面却又希望将自己与群体中的他人区别开来，借助文化实践，每一个拍客都希望塑造属于自己的风格，并以此来确定自己在这个群体中的位置。

和上述三个层面联系在一起的，是拍客在文化生产过程中的三个关键词——表达、兜售、跟风。

青年群体和成年人相比，因其在社会阅历、社会资本上处于弱势，在现实生活中也是“失语的主体”，他们需要找寻一个端口来表达自己的意见，以求得社会的关注。而这样的意见往往以一种愤然、偏激的态度和形式出现，不求声音洪亮，但求刺耳。他们是醒目的，但同时又是安全的。他们不求真的能说出多少意见和看法，他们只想证明自己的存在，以一种断然的态度摆出一个架势。因此，他们需要的只是一个数码相机、一个摄像头、一个话筒、一个看不见但存在着的舞台。所以我们看到，拍客在创制时，一般都以与传统相区别或对立的手段，或者干脆拿传统来开涮、戏仿、反讽，来求得自己的存在。

“兜售”指的是人们通过生产一种文化，给自己贴上标签从而来进行推销，这种推销往往是为自己吆喝。以自拍为例，人们把照片上传到网上，其实是把自己当做明星，通过精心的包装，营造出自己的个性。在当代社会中，兜售更是一种展示甚至是挑逗，一个拍客在群体中获得越多的认同，他就越会疯狂地兜售自己，寻求注目的眼光。

“跟风”指的是当某一种文化类型成为一种时尚或者潮流时，人们就会去模仿，从而让自己也显得时尚。以杀马特为例，很多人之所以会扮酷拍照，就是因为他们自己不够酷。时尚的一大特点是容易模仿。因此，不需要花费多少努力，我们就可以换个姿态，无论是从外形上还是从言行上，使自己变得新潮，即便与周围的世界显得格格不入。

拍客的泛化

拍客亚文化当初以一种小众的姿态出现，没想到后来自己竟然成了一种主流。网络草根力量的崛起，把亚文化从社会的一个偏僻角落带到舆论的中心，成为公众讨论的一个重要方面。拍客也是这样，形形色色的拍客和自称是拍客的人，已经把这个名字搅和得够乱了。这其中有拍客自己的原因，有商业的原因，也有主流文化的原因。当拍客这个名字被拿来寻租或是贩售时，纯粹的拍客还存在吗？

从文化娱乐化的角度来看，亚文化以其独特的表现手法和表达内容，成为一种全新的大众娱乐。毕竟在这样一个“娱乐至死”的时代，任何东西都可以拿来娱乐。拍客曾经是一个全新的娱乐消费品，而且因其多种多样的表现形式，更能成为大众可以任意挑选的一个娱乐快餐。人们并不都是为了能从中找到自己的身份认同，很多时候也只是找个乐子。你不是反讽么？你不是拼贴么？你不是戏仿么？难道我不可以把它只当做一种幽默来阅读，当做一场相声来观看？或者那就是一场闹剧，我只管捧着肚子笑好了。亚文化的创制，最大的悲哀在于受众只是把他当做一种娱乐的方式和尽兴的手段。但是在中国的语境下，它的确发生了。

然而我们并不能因为拍客的泛化而对其嗤之以鼻。如果说亚文化经常把主流文化作为挪用的对象，那么拍客的泛化意味着这样一种亚文化又被其他文化所挪用。因此，我们在下一章将分析拍客是如何走红的，其实，很多拍客拍摄的目的并不在于走红，走红的只是拍客中的极少数，况且，走红带来了泛化的问题。

传统传媒的介入

拍客是一种参与文化。参与文化是指一个社会的文化环境鼓励创作和分享，促进公民参与艺术活动。麻省理工学院媒体比较研究计划的创办人和主任詹金斯(Henry Jenkins)近年多次提出，社会中每一个人及每一个机构，都主动或被动地卷入了参与文化之中，大家必须认清自己的角色，以免在参与文化中迷失方向。迄今为止，拍客并没有显示出在影像画质和编辑水准上有多大的进步，它最大的冲击力在于打破了传统媒体影像传播的秩序——传统的传播体系中摄影师的摆布、影像内容的规定、栏目定位、配音的标准、版权制度——这些都被拍客重新定义了。面对拍客的挑战，传统媒体无法置之不理，在近年来于网络流行的拍客影像和拍客事件中，屡屡有传统媒体的介入，有的时候传统媒体也成为拍客生产流程的参与者。

迄今为止，拍客并没有显示出在影像画质和编辑水准上有多大的进步，它最大的冲击力在于打破了传统媒体影像传播的秩序——传统的传播体系中摄影师的摆布、影像内容的规定、栏目定位、配音的标准、版权制度——这些都被拍客重新定义了。

面对 Web2.0 时代新媒体的冲击，当网上发生拍客事件的时候，传统媒体已经有一套既定的手法去跟进。曾有香港学者将传统媒体的做法归纳如下：第一，迅速报导和转载。第二，提供网上搜寻及筛选服务。传统媒体的一个重要功能是在纷乱复杂的网络世界中，挑选一些有价值的网闻，向读者推介。虽然很多读者有上网的技巧，但他们没有这么多精力和时间去搜寻资讯，报章杂志就为其代劳了。第三，反映及转载网民的意见。第四，将虚拟世界的事件带回现实世界，追访当事人。如 YouTube 的《巴士阿叔》短片事件发生后，传媒追访巴士阿叔及四眼仔，又建议他们握手言和。第五，为读者诠释事件及评论。第六，社会补救。当这宗网上事件被视为对社会有负面影响的时候，传媒就动员网下资源去寻求补救办法。[1]

2011 年 8 月 18 日，一段 2 分 5 秒的视频《县委书记离任万人送行》在网上引起热议，视频记录了河北省张北县县委书记在正式离任时，万名群众自发送行的场面。很快，8 月 19 日，山东齐鲁电视台《每日新闻》栏目对此给予了转载，并且给出了“金杯银杯不如老百姓的口碑”的评语。电视新闻并没有回应网民对于是否真有万人送行、是否自发的质疑，而是直接对这段视频进行了定调和评论。随着拍客内容的多样化，越来越多报刊、电视等传统媒体也将拍客内容纳入自己的报道范围，以此拓展报道面，当然这也丰富了拍客内容的传播渠道。

五、拍客这样做新闻

《急救车，你在哪里？如此出车速度令人愤慨》是 2009 年网络上红极一时的视频作品，作者以拍客的身份对北京市一桩突

〔1〕 李月莲. Web 2.0 的“参与文化”与艺人裸照风波. 传媒透视(香港)，2008(3).

发事件进行了拍摄,并将其制作成新闻短片上传至某著名视频网站。该类题材在众多拍客的作品中屡见不鲜,这里我们分析该视频的特点,来一窥拍客视频中短新闻的内容和呈现方式。

《急救车,你在哪里? 如此出车速度令人愤慨》是拍客 okzz 发布于 2009 年 7 月 24 日的一段视频,主要内容是在北京东单的协和医院门口,一辆公交车将一女子撞倒,在其后的半个多小时里,周围群众和警察不断拨打急救电话,急救车却一直迟迟未到,最后群众借得一个平车,将女子送到近在咫尺的协和医院。整个视频时间为 7 分 30 秒,在优酷网上已被播放 500 万次,被"顶"9 万多次,是被播放次数最多的视频之一。

拍客 okzz 在优酷网上有自己的视频空间,里面的视频数达到 96 个,绝大多数都是这种类型的视频,即 2 分钟到 6 分钟不等的短新闻。之所以称其为新闻,是因为这些视频已经具备了"新近发生或变动的事实的信息"这个定义的内涵,虽然其主要表现形式与电视新闻相类似,但细细分析可以发现,拍客的短新闻视频有自己的特殊性。

以画面为主,语言叙述为辅

该视频全长有 7 分多钟,全由现场画面组接。拍客作为拍摄者始终站在镜头的背后,既没有出镜讲述现场情况,也没有递出话筒采访当事人。okzz 上传的 96 个视频,无一例外都有这个特点。用画面来讲述事件本来就是视频新闻的最大特点,用镜头说话是保持视频新闻客观性、真实性的重要手段,也是拍客视频的灵魂。拍客记录下画面和声音,给观者更直观具体的呈现:微微摇晃的画面、不太规则的构图、稍显冗长的镜头、没有配音和旁白……

因为没有配音,必要的说明性文字成为影像中的辅助叙述手段。该事件共持续 40 分钟,而最终形成的视频只有 7 分多钟，中间压缩和剪切的部分需要通过其他途径加以交代和说明，否则容易使观者产生视觉的混淆，或者无法理解整个视频的内容。作者用了最简单直接的手段，也就是在视频的开头、结尾和中间几个关键的时间节点给予明确的文字说明。例如，视频一开始，画面内容只有一段文字："上午 10 点 10 分，在东单协和医院门口一辆公交车发生剐蹭，将一女孩子刮倒在地，鲜血直流。令人不解的是，现场群众拨打了急救电话近半小时，急救车却一直迟迟未到!!!"这段文字叙述共持续 12 秒，配有节奏紧张的背景音乐，目的是让受众以最快的方式了解事件。其后，在视频的中间，也间或出现"十分钟过去了……""二十分钟过去了……"等提示性语言。这样有效地省略了一段时间内的重复性片段，在保持整个内容的连贯性和逻辑性的基础上，大大缩短了观看时间，既突出了重点又简洁明了。从另一个方面看，这样的影像让人想起默片时代的电影，那时的电影便是通过大量的字幕来串联前后情节的。这提示我们，今天大量的拍客还处于比较低端的水平。

亮出拍客身份，现场采访

在整个视频中，未有类似于出镜记者的角色进行现场采访，但其中的一段对话值得讨论。从视频 4 分 36 秒开始，拍客与其中几位路人有一段类似于采访的交谈，内容如下：

拍客：您知道这都多少时间了吗?

路人甲：我知道，半个小时了都……您是哪的记者啊?

拍客：我不是记者，我是拍客。

路人甲：拍客? 你这起码要往上反映反映。

拍客：对，是啊，拍这就是为了反映。

路人甲：给他们登在网上，半个多小时了都……你知道么，我就坐这个车上。

拍客：半个小时了？

路人甲：那可不么！真XXXX，连平车都没有！

拍客：您也是这车上的？

路人乙：我不是，我是过路的。

路人甲：我是坐这车上的……不让动，交警也不让动。你说那不让动是有法律依据的。你急救中心也好，你市长也好，规定是（急救车）五分钟到场。

路人丙：你看这就在医院门口，你别说在……再远了就更没人救了，在医院门口都没人管……

这段对话持续了近一分钟，并且是边走边摄录完成的。谈话围绕着事件本身进行，并且是拍客先发起的，是拍客为了收集和挖掘事实材料而进行的活动，可以看做是采访的一种。这样的采访与我们平时在电视上看到的新闻采访有共同之处。从对话来看，路人甲的确不知道作者的身份，并且对拍客这一身份表示怀疑，这反映出普通民众对拍客这一亚文化现象并不熟悉，甚至以为拍客是传统媒体的延伸，是可以"往上反映"的人。事实上，拍客能做的不是"往上反映"，而是"网上反映"，在很多公共事件上，拍客正是出于一种道德感或是正义感，将事情的本真画面传到网上，引起了网上舆论的关注。不过，也因为拍客并非专业的记者，伦理道德无法替代专业素养，画面背后的新闻往往被拍客忽略。

事实上，拍客能做的不是"往上反映"，而是"网上反映"，在很多公共事件上，拍客正是出于一种道德感或是正义感，将事情的本真画面传到网上，引起了网上舆论的关注。不过，也因为拍客并非专业的记者，伦理道德无法替代专业素养，画面背后的新闻往往被拍客忽略。

失衡的话语

该视频的新闻点非常突出：急救车救援不及时。通常120急救车的反应时间为5～10分钟，而此次事发地点距最近的协和医院不过数百米,救援车辆却迟迟不来。不过,作者在拍摄的时候,只顾及了现场的发展,却并未消除这样一个疑虑:120 急救车迟迟不来的原因是什么?院方或者急救中心的说法和解释是什么?

从在网上搜索到的拍客 okzz 的资料来看,他是一名设计师,并没有受过专业的新闻知识训练,所以可能忽略了新闻报道中很重要的一条原则——平衡报道。平衡报道就是在突出报道一种主要因素时,还要顾及其他因素,特别是相反的因素;在突出报道一种主要意见时,还要注意点出其他意见,特别是相反的意见。在这个新闻事件中,涉及的元素有伤者、急救车和周围的路人。很明显,视频中作者充分表达了路人的意见,即对急救车迟迟不来感到愤慨,而忽略了急救车(医院急救中心)一方的因素。这样的失衡,使作品有了一定的倾向性,而这种倾向性很可能作者本身就已经具备,并且在有意和无意中将其表达出来。如开始的字幕"……急救车却一直迟迟未到!!!"这句话作者连续用了三个惊叹号,以此来表达内心的某种不平。

《北京青年报》对该视频反映的事件进行了跟踪报道。2009 年 7 月 26 日该报一篇名为《拍客视频曝光急救车迟到门》的文章中,北京急救中心工作人员对当天迟到的原因进行了解释:"根据记录,当天上午 10 点 35 分,急救中心接到第一个报警电话,是一位出租车司机打来的。中心紧急联系事发地 7 公里范围内的 10 辆急救车,但都在执行任务。直到 10 点 43 分,新街口外一辆完成任务的急救车才开始往事发地赶。因为距离事发地 6.7 公里,而且路上拥堵,11 点 20 分才到达现场。此时,伤者早被送到医院急救。"[1]虽然对于急救中心的解释,读者的看

〔1〕 赵卓,陈文广. 拍客视频曝光急救车迟到门. 北京青年报,2009-07-26.

法见仁见智，但至少对于报道方来说做到了平衡，保持了新闻客观中立的特性。

值得注意的是，《北京青年报》在报道中也采访了该视频的作者。根据视频作者的自述，2009 年 7 月 22 日早晨，去协和医院陪父亲做检查的他意外碰到了这场车祸，“一开始只是看热闹，过了 10 分钟我开始感觉气愤，掏出随身携带的设备拍摄起来。”他说。回家后，他开始整理素材、配上字幕，23 日晚上，他把视频传到优酷网。从这个过程可以看出，作者从一开始就站在了某一方的立场上，带着自己的主观倾向来制作这段视频，因此不能做到平衡双方话语也就不足为奇了。

强烈互动

该视频在优酷网上受到了巨大的关注。截至 2010 年 7 月，已经被播放 500 多万次，评论有近 3 万条。在评论中，大多数网友都对此事表示了不满，以下是摘抄的几位网友的典型评论：

> 网友 ed168168：唉，是哪里的啊？医院拿来干吗的？在医院门口都拖这么久，悲哀啊。
>
> 网友 sue1214：让人心寒哪～这要是伤得再重一点儿，人早就 game over 了。为什么会这样呢？医院没救护车了？半路堵车了？无法理解……
>
> 网友 hao281：简直是在其位不谋其事，这起事故也算是一个警钟了，如果不能补救，这件事负面影响将无限化。
>
> 网友 BJtenson：救护车队昨天集体放假了……据说是去为“快女”呐喊助威去了。

不仅优酷网上反应热烈，视频还被各大网站、论坛转载，既包括土豆网、56网等同类型的视频网站，也包括新浪、网易等门户网站的论坛，还有其他小型的论坛，等等。此外，《北京青年报》还根据这段视频反映的事件，对相关事件进行了后续跟踪报道。而拍客及其作品就在这样的互动中获得了自己的意义和价值。

在今天的传统媒介中，无论是报纸、广播还是电视，如果说在传播速度上可以做到与网络相差无几的话，那么在互动性和反馈效果方面显然是落后一步的。从传播的速度来看，同样一个新闻事件，只要该媒体的记者有足够的敏感度和效率，不同的媒介都可以在一天之内做出反映，因此在时效性方面不会给受众带来太大的差别。但是网络这种新媒介所运用的计算机技术，使得任何会使用网络的人都可以在第一时间对事件进行评论，大大加快了反馈的速度和范围。

当然，需要我们注意的是，网上视频播出之后的评论依然带有强烈的亚文化色彩，嬉笑怒骂的背后，也是网友对于事情本身真相的忽视。当然，这样的评论也是情有可原的，因为今天中国的医疗服务确实存在很多“不给力”的地方，这个视频的火爆恰好印证了民间的想法。

粗粝的风格

这段视频的画面特点也是大多数拍客新闻的特点，市井生活粗粝的内容显得原生态，相对于电视新闻的精雕细刻和宏大主题，这样的拍客新闻显得另类而生动。因为从大众传媒运作过程看，当信息通过正常的过滤程序——摄像头、记者和编辑选择性的眼光——原始的语境含义必定有所消减。也许受作者专业的限制，该视频在拍摄和后期制作方面有明显的不足。作为拍客来说，具有新闻敏感，能找寻到有新闻价值的题材是其普遍具备的特点，但在实际操作过程中，对于画面、编辑环节就显得力不从心了。

首先，在构图上，画面中经常出现切头的情况，即被摄人物的头顶在画面以外，这是构图中的大忌，会在视觉上产生不舒服的感觉。

其次，在移动镜头的时候，画面晃动、左右摇摆十分明显，也很频繁。拍摄者若不能非常平稳地持握录像设备，就很容易造成画面颤动，严重时会给人带来头晕目眩的感受。

再次，景别的变化较少。由于作者是站在人群之中，离伤者较近，整个视频中绝大多数都是近景，至于对伤者的特写和对整个事发地的远景均只有几秒的时间，一扫而过。不同的景别可以产生不同的效果，可以从各个角度更全面地描述发生的事件。而在这里，景别的单一性容易使观众产生视觉疲劳，也不能很好地令受众了解当时的情景。

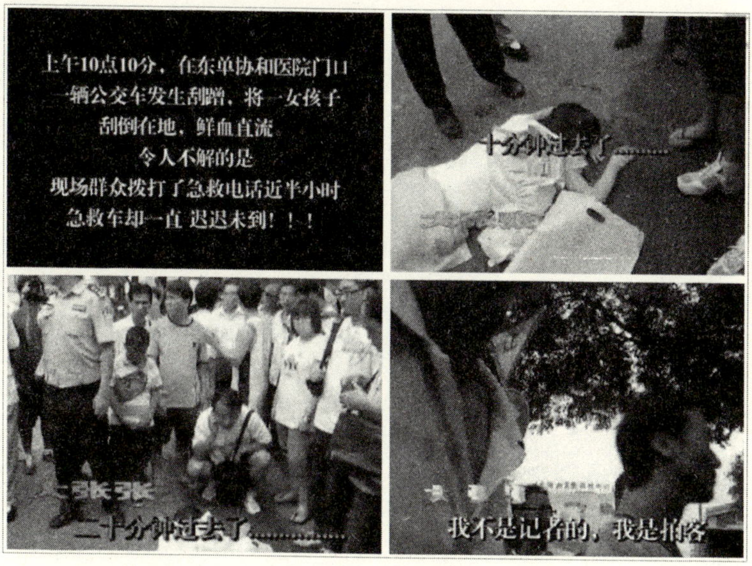

图：《急救车，你在哪里？如此出车速度令人愤慨》的视频截图
拍客新闻贵在迅速和真实。当然，因为拍客非专业的特点，其难免会出现一些失误和偏差，这也需要注意。

最后，在镜头的组接上，作者没有充分考虑画面转场和过渡时的各种要求。如在 1 分 20 秒时，画面中是一位路人在打电话，而下一秒画面明显跳动了一下，出现的却仍是那位路人，只是位置稍有偏移。可以断定，中间是被作者硬切去了某些片段，这样的过渡显得十分生硬，无法保持视觉上的连贯性和统一性，容易造成混乱。

从整体来看，该视频有与电视新闻相似的地方，但离真正专业的新闻报道还有一定距离。在该作者全部的 90 多个作品中，大多数都具备与该视频相同的特点。可以说，该拍客已经具备一定的新闻敏感，拥有构思主题、拍摄新闻、后期编辑的能力，但在技术、手法和规范性方面还有所欠缺。这样的风格一开始会让人觉得新奇，看多了必然会出现审美疲劳，这也是社会题材类的拍客在发展中遇到的突出问题。

这样的风格一开始会让人觉得新奇，看多了必然会出现审美疲劳，这也是社会题材类的拍客在发展中遇到的突出问题。

你有没有注意到，在互联网大量的拍客影像中，只有很少的一部分进入了我们的视野，而只有更少的一部分得以迅速走红？拍客红了，红的往往不是他/她本人，而是其作品，作品红了，但是往往又很快消失得无声无息。是哪些力量在推动着拍客走红？这些因素到底要将拍客引向何方？

揭秘拍客走红

我们把时间往前推到20世纪80年代，当时的年轻人中流行什么呢？蛤蟆镜、牛仔服、喇叭裤、迪斯科、先锋文学、港台影视剧……一代代年轻人都有自己的亚文化，然而问题在于：为什么拍客在我们现在这个时代走红了呢？

从代际的角度看，80后是拍客的主力。80后是中国第一代独生子女，他们的人生与父辈们截然不同。他们没有经历过战争和饥荒，对于那些没有任何记忆和恐惧；他们从父母亲"大锅饭"的时代走出来，物质的丰富让他们目不暇接；他们有自己的行为特征、习惯与风格。从80后身上可以发现年轻人的价值观念在迅速变化，他们以一种满不在乎、睥睨一切的姿态，迅速地告诉50后、60后、70后：你们老了，我们才是今天的主角！曾有学者这样描述80后：

> 我对"80后"一代有两个定义——从平面印刷媒体向数字新媒体过渡的一代，同时也是"价值断裂"的一代……我们只要稍稍将视野投向日常生活，就可以清楚地看到在"80后"一代人的成长词典中出现了那么多上辈人完全没有的"词汇"：网络、动漫、手机、随身听、星巴克、party、摇滚乐、前卫电影、网恋、足球、明星、文身、名牌、任天堂、俄罗斯方块、圣斗士以及VCD、DVD、MP3、MP4、掌中宝、电子书、数码相机……那些只有他们自己听得懂的网络语言：腐、宅、耽美、脑残、王道女、花样男、非主流、火星文……那些令他们自我欣赏自我陶醉的手机短信、图片传送、网络音乐、真人秀、自拍、星座……[1]

---

[1] 江冰."80后"文学的文化解读.文艺报，2010-07-21.

我们不妨把拍客作为这个时代的症候来看,这既是图像取代文字的时代,也是影像生产方式裂变的时代。从最根本上看,是这个时代的青年人变了,这个时代的青年人成长的环境变了,他们有热情有精力有毅力把自己看到的、经历的用照片或视频记录下来,然后在网上发布。尽管有大量的影像湮没在过剩的比特海洋里,但还是有很多拍客凭借各种理性或非理性的原因,一跃成为众人皆知的网络明星。在中国大陆,天涯、猫扑等大型网络社区贡献了一个又一个走红的拍客;以视频起家的dodolook从一个乖巧留学生变为百度搜索条目数达百万的传奇人物;两个做鬼脸对口型假唱自娱自乐的后舍男生,已经是太合麦田旗下的签约艺人。

2004年2月,北京少女作家春树登上了《时代周刊》的封面,使主流社会第一次很庄重地看到"80后"这个词。但在很长的时间里,国内媒体对80后基本上以批评为主。2008年以后,主流媒体逐步改变了这种论调,开始肯定这一代青年人的责任意识与光荣梦想,从鸟巢一代到汶川赈灾志愿者,主流文化以包容、发现、认可的态度微调了它们对80后、90后的态度。伴随着这样的变化,一直被视为自娱自乐或者社会花边新闻生产者的拍客,也逐步得到了主流媒体和文化的认可。

一、草根网民的力挺

拍客走红有两个层次,一是拍客拍摄的作品在网上网下被传播和热议,另一种是因为作品的走红而带来拍客本人的走红。根据中国互联网信息中心(CNNIC)的数据,截至2011年6月底,中国网民规模达到4.85亿,其中29岁及以下的网民占总人数的58%,网民中学生群体占比最高,达到29.9%。从这几个数字看,能否得到网上人数最多也最活跃的青年网民的认可,是决定拍客能否走红的一大关键因素。

以购买力或者影响力来说，29 岁及以下的网民并不具有优势，他们的优势在于“人多势众”，而这正好印证了互联网的“长尾理论”：那些在前互联网时代无法被关注到的大量的潜在的消费者或者群体能产生巨大的购买力或者影响力。在前互联网时代，我们往往习惯于二八定律，即少数主流的人（或事物）可以造成主要的、重大的影响——主流媒体的报道、名人的活动能引起公众高度的关注，而普通人则无法产生这样的效果。但是到了网上，事情被扭转过来了，草根网民可以将一件他们感兴趣的事情“顶”起来。

以购买力或者影响力来说，29 岁及以下的网民并不具有优势，他们的优势在于“人多势众”，而这正好印证了互联网的“长尾理论”：那些在前互联网时代无法被关注到的大量的潜在的消费者或者群体能产生巨大的购买力或者影响力。

非我非非我：一个拍客的诞生

2011 年春晚，西单女孩任月丽的一曲《想家》深深打动了电视机前的亿万观众。而让任月丽从西单地铁站走上春晚的，是一个叫非我非非我的拍客。非我非非我本名线永京，毕业于北京一所美术院校，曾在一家网络公司供职。2008 年 12 月 20 日，刚刚观看完一场明星见面会的非我非非我走在回家的路上，当他走进地铁西单站的入口时，一阵干净清澈的歌声传入他的耳朵。略带伤感的声音打动了非我非非我，一下下撩拨着他的心。是谁在唱？她为什么在这里唱？非我非非我顺着歌声找了过去。

非我非非我发现，和其他流浪歌手不同，这个女孩怀抱一把电吉他，旁边有一个喇叭，歌声凄婉伤感，因为身处地铁的地下通道，非我非非我更加产生了共鸣。非我非非我给了女孩三元钱之后，觉得应该把这个女孩的影像和声音录下来。犹豫再三，非我非非我拿出了随身的相机。这是一部没有调焦功能的数码相机，非我非非我又很腼腆，只能远远地拍下唱歌女孩。拍完后，非我非非我走近女孩，和她说了两句话，还留下了联系方式。

回家以后，非我非非我想：这样一个独特的唱歌女孩，如果通过网络被更多的人认识，会引起怎样的反响呢？由于答应过女孩不将视频传到网上，非我非非我将视频传给了几个朋友看。在朋友的鼓励下，非我非非我将视频发到了自己的博客上。令他没有想到的是，视频一经发出，引起了无数网友的转载。很多网友问"西单女孩长什么样？""为什么看不到脸？"

一段无意间拍摄的视频似乎赋予了西单女孩神秘的力量，为什么一个普通的流浪歌手能得到网友的高度关注？到底是什么特质吸引了网民？

网民将西单女孩"顶"起，关键在于二者草根性的惺惺相惜。女孩如此平凡，她和电脑前的网友一样，只是一个普通得不能再普通的百姓，但是这样一个女孩坚持自己的梦想，在地铁口演唱，感动了网上的无数人。由于当时没有一个可以让草根成名的舞台，网络视频又刚刚出现，于是，在恰当的时间恰当的平台出现的西单女孩引起了广泛的关注。而主流媒体关注到网络的新动态之后的适时加入，更是起到了互相借力的作用。我们无法否认大量的网民中有些有看热闹或是看稀奇的成分，然而拍客内容与网民潜意识的契合是其中最重要的因素。

令非我非非我没有想到的是，由于自己是在无意中拍摄了西单女孩，他没有意识到要给自己的视频打上自己的标识，因此当女孩走红之后，很多人并不知道甚至并不承认这段视频最早是他拍的。非我非非我此后也逐渐从业余拍客走向职业拍客，先后推出了《中关村男孩》《北体大长腿女孩》等视频。伴随着这些有意而为的视频，非我非非我自己也变成了一个网络名人，成为了一名网络推手。

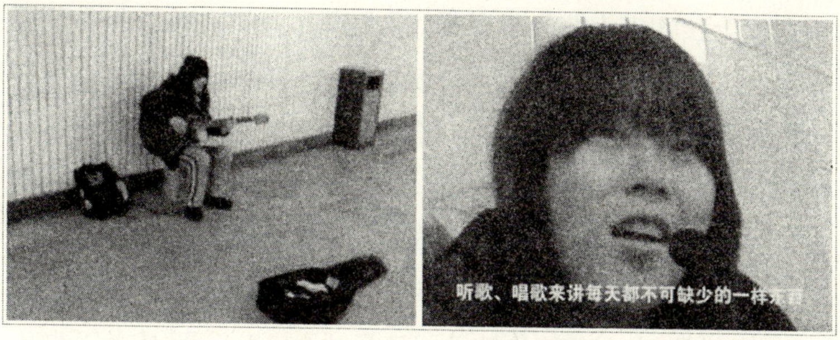

图：西单女孩演唱视频截图

谁能想到，靠着拍客的传播和网民的力挺，西单女孩最后走上了春晚。

论坛点击与跟帖

下面的截图是国内知名论坛猫扑的视频版面，其中某些视频的点击量达到几十万。同样地，有些知名的图片或视频博客的访问量也是惊人的，因此，网络流行这样一句话：如果你的博客“粉丝”超过一百，你是一本内刊；超过十万，你是一份都市报；超过一亿，你就是 CCTV 了。猫扑有个“贴贴”的分论坛，在“贴贴”中又有个“真我秀”的栏目，这是整个“猫扑贴贴”乃至猫扑中最火的版块，很多年轻男女都在其中分享自己的自拍照。有人说这些人都是想出名，但是该栏目的管

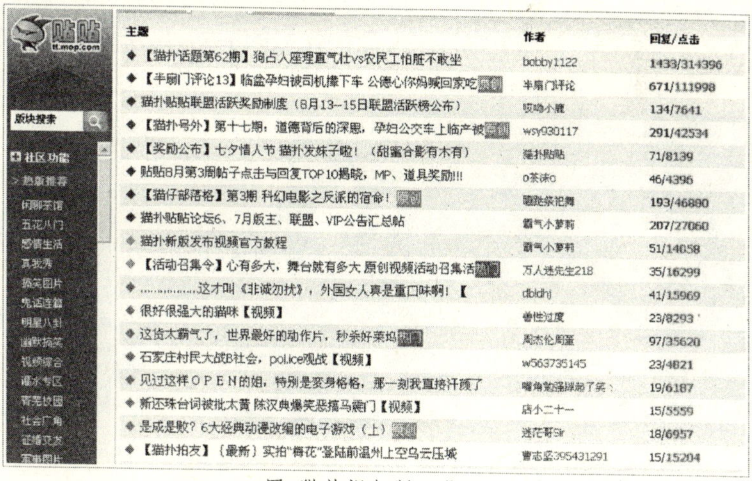

主题	作者	回复/点击
◆【猫扑话题第62期】狗占人座理直气壮vs农民工怕脏不敢坐	bobby1122	1433/314396
◆【半扇门评论13】临盆孕妇被司机撵下车 公德心你妈喊回家吃	半扇门评论	671/111998
◆猫扑贴贴联盟活跃奖励制度（8月13--15日联盟活跃榜公布）	哎呦小鹿	134/7641
◆【猫扑号外】第十七期：道德背后的深思，孕妇公交车上临产被	wsy930117	291/42534
◆【奖励公布】七夕情人节 猫扑发妹子啦！（甜蜜合影有木有）	猫扑贴贴	71/8139
◆贴贴8月第3周帖子点击与回复TOP 10揭晓，MP、道具奖励!!!	o茶沫o	46/4396
◆【猫仔部落格】第3期 科幻电影之反派的宿命！	[illegible]	193/46880
◆猫扑贴贴论坛6、7月版主、联盟、VIP公告汇总帖	霸气小萝莉	207/27060
◆猫扑新版发布视频官方教程	霸气小萝莉	51/14058
◆【活动召集令】心有多大，舞台就有多大 原创视频活动召集活	万人迷先生218	35/16299
◆……这才叫《非诚勿扰》，外国女人真是重口味啊！【	dbldhj	41/15969
◆很好很强大的猫咪【视频】	兽性过度	23/8293
◆这货太霸气了，世界最好的动作片，秒杀好莱坞	周杰伦周董	97/35620
◆石家庄村民大战B社会，pol.ice观战【视频】	w563735145	23/4821
◆见过这样ＯＰＥＮ的姐，特别是变身格格，那一刻我直接汗颜了	[illegible]	19/6187
◆新还珠台词被批太黄 陈汉典爆笑恶搞马震门【视频】	店小二十一	15/5559
◆是成是败？6大经典动漫改编的电子游戏（上）	迷花哥Sir	18/6957
◆【猫扑拍友】（最新）实拍“梅花”登陆前温州上空乌云压城	曹志坚395431291	15/15204

图：猫扑视频版面截图

猫扑视频中有一部分是拍客作品，还有很多视频无法确定其来源。因为猫扑非主流的特点，其视频栏目也有强烈的非主流色彩。

理员卖女孩的小火柴棒解释说，很多真人秀的女孩子只是想展示自己，人很好也很低调，平时就在论坛里交朋友什么的。像有个魔女花茶，帖子红了3年多，很多喜欢她的人就在帖子里跟她版聊，她现实里是普通的职员。因为都是年轻人，思维方式相似，大家都在论坛里发照片，互相评论，久而久之这样一个自拍的圈子就形成了，其中出现一些网络红人也是顺理成章的事。2010年5月，魔女花茶的帖子回复量达到12.3万，成为互联网上回复量最高的美女帖。

其实影像被大量关注并非一定要靠时间，内容足够吸引人是更重要的。2011年8月10日，在新浪论坛中出现了一个名为地沟油烈士的网民发布的《偷拍消毒餐具震撼清洗过程》的帖子，整个帖子用十余张偷拍的照片，揭露了某地生产所谓"消毒餐具"的过程。系列照片把整个清洗和包装的步骤展现了出来，从工人们在污水中刷碗碟，到看起来洗干净的碗碟被塑料膜包装好，一直到成箱的"消毒碗碟"被送到饭店，显得很连贯。笔者注意到，发布两天后，这个帖子已经有了15000以上的点击量，帖子也排到了新浪论坛的前列，再仔细看，这位网民两个月前才在论坛中注册，一共就发了这一个帖子，可见网络的力量并不在意他新手的身份。

图:《偷拍消毒餐具震撼清洗过程》的一张照片
发布两天后，这个帖子已经有了15000以上的点击量，帖子也排到了新浪论坛的前列，网络的力量并不在意发帖者新手的身份。

微博风传

随着微博的流行，微博上的图片同样体现出网民集体的力量。2011年8月12日，美国新任驻华大使骆家辉在来华赴任途中，在西雅图机场咖啡店购买咖啡，这一幕被中国某公司的 CEO 拍下并迅速传到其微博上。结果在骆家辉到中国之前，他在途中的故事和照片就已到了中国，在抵京之后的记者招待会上，还有记者问他为什么咖啡店不接受他的打折券。这条微博被转发了 3 万多次，显然显示了网民的力挺。如果我们要追问为什么网民会热情地转发这条图片微博，一个可能的解释是，大家都想知道为什么美国的官员赴任可以如此轻车简从。

当时有两个店员，经过一分钟的认真讨论过后，把骆大使的打折券给拒掉了 //@安普若-安校长：美国店员就是死脑筋，你就送骆大使一杯咖啡又怎么了？//@Siming田 ：说今天骆家辉就任美国驻中国大使，有人问他昨天在西雅图星巴克为什么他的打折券被拒绝的时候，他说因为他存的是主店的，机场加盟店不认。

@唐朝晖_adSage V：在 Seattle 机场咖啡馆巧遇美国新任驻华大使骆家辉及其妻子和三个孩子，应该是去北京上任途中。任重道远，祝他好运！

收起 | 查看大图 | 向左转 | 向右转

图：微博博友发布的骆家辉履新途中的照片
这张照片被网络风传，显然包含着网民对当下中国种种现实的看法和回应。

创意升级

要想获得草根网民的追捧，除了拍摄的内容要有吸引力，拍摄的方法也很重要。拍客可以把自己的技术体现在“喀嚓”一声之中，也可以从这里出发，升级自己的创意，从而获得网民的认可。正如在传统新闻学中的公式“普通人＋不寻常的事＝新闻”，这个公式在拍客时代同样有效，网上还有人罗列了各种拍客走红的要素，诸如“大学＋美女”，但是从本质上说，创意是无法按图索骥、依葫芦画瓢的。拍客的魅力，或许就在于它引爆了网民的无限创意，平常的东西经过镜头、通过组接，竟然会有那么大的不同。

创意是无法按图索骥、依葫芦画瓢的。拍客的魅力，或许就在于它引爆了网民的无限创意，平常的东西经过镜头、通过组接，竟然会有那么大的不同。

2007 年 7 月，优酷网上出现了一个 32 分钟的短片《两个傻子的爱情故事》，片子在一周之内被国内各大视频网站转载，获得了很高的点击量。这个片子用一个虚构的故事对当下社会底层进行了反映。两个傻子本来都是有前途的青年人，但是受到了种种不公正的待遇和挫折，最后精神失常。在流浪的过程中两个人相识、相爱，最后凄惨而幸福地死去。片子的导演是沈阳工业大学研究生学院 2004 级学生魏亮（网名舞铭指），他和几名同学借来设备，一共只用了 800 元的费用摄制了这个片子。该片在第十四届北京大学生电影节、第八届大学生短片大赛中获得业余组剧情类优秀奖和最佳网络人气奖。

2011 年夏，台湾屏东科技大学餐旅管理系的学生们，突发奇想，以印度电影《三个傻瓜》为名，拍摄 2212 张照片，结合定格动画与缩时摄影技巧，剪辑出四分多钟的影片，放在 YouTube 网站，4 天内点击量突破 27 万，获得网友热烈回应。

这个片子原本是 3 个学生在欢送毕业生晚会上播放的作品，影片开头搭配国外歌手 Mika 的 lollipop 这首活泼俏皮的歌曲，从大学校园门口日出开始，讲述餐旅系学生的一天。3 名学生骑着扫帚上学，因为没有戴安全帽，被教官抓个正着，3 人只好分别从口袋、裤裆、衣服里拿出安全帽戴上，再以时速 40 千米的速度飞到厨房、教室，乖乖学厨艺，教官看了很高兴，也戴上安全帽骑扫帚离开。画面接着转到教学办公楼内，学生们换上厨师装、餐饮服务制服，邀请系主任配合演出，并写上“坚持到底、永不放弃”与“平安喜乐”等祝福毕业生的话语。最令网友称奇

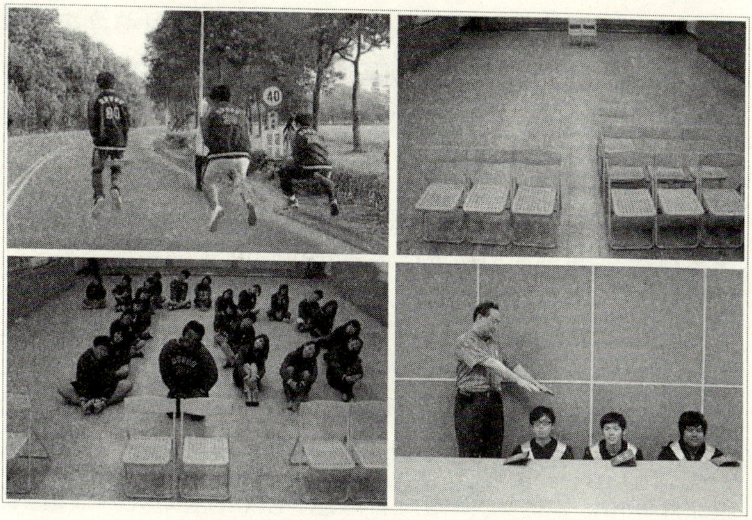

图：台湾版《三个傻瓜》视频截图

看这个视频，你会发现其中的精妙设计绝不是几张截图就能反映出来的。定格动画与缩时摄影技巧本来是专业影像人员的专业领域，现在借助电脑技术，也不是什么难事了。

的是画面还用一张张照片使椅子排列出俄罗斯方块游戏的画面。看过影片的网友惊呼："创意无限！真是太神奇了！"

当然，也有不择手段做创意的拍客。如果你在网上以"上海地铁"为关键词搜索视频，跳出来的很可能是《鹿头人》《木乃伊》《穿越女》《钢管舞》等视频。地铁是一个城市负载量最大的公共交通工具，巨大的人流空间也成了拍客施展自己魅力的舞台。2010 年夏天，甚至有一名男青年在地铁列车进站时突然跳到轨道中间，完成了一次 50 秒"卧轨自拍"，虽然当事人声称是"探险极限、挑战自己"，但是这样的拍客行为已经涉嫌扰乱公共秩序，影响公共安全。这些创意从艺术门类上讲已经接近了行为艺术，无论高级还是拙劣，都走红一时。

人肉搜索

人肉搜索引擎其实就是在一个网络社区里面提出一个问

题，由人工参与解答而非利用搜索引擎通过机器自动算法获得结果的搜索机制。通俗来说就是通过广聚五湖四海的网友的力量，每个遇到困难的人提出问题，而有这方面知识或者线索的人就为其解答、分析，可以说是一种问答式搜索。

人肉搜索与拍客的交集在于，人肉搜索往往需要发布图片或者视频，如果这些影像来自于拍客，那么人肉搜索就成为了拍摄行为的延伸——拍客不仅拍了，而且需要求真相。

2008 年 5 月 21 日，全球最大视频网站 YouTube 上出现了一段长 4 分 40 秒的视频，在视频中一名女子身处网吧，用很轻蔑的口气大谈对四川地震和灾区难民的看法，激烈和肮脏的字眼充斥其中。她提到，网站没有颜色，电视里全是灾难报道，哀悼日让她玩不成游戏……

随后，这段视频开始在国外网站风传，不到 1 个小时，该视频被中国网民链接到了天涯、猫扑等国内大型论坛上，以前所未有的速度开始传播。网民开始震怒，一个“号召 13 亿人一起动手把她找出来”的人肉搜索被发起，“辽宁女”和“辽宁骂人女”成为该女子的代号。网友通过其上网的 IP 地址，找到上网的具体地点，随后，该女子的 QQ 号和 QQ 空间被找到，里面存储的相关资料，包括年龄、血型、居住地被公开，随后其 QQ 密码被网友攻破，其同事的 QQ 号也被查出。信息被公布后，更大的搜索网铺开，半小时不到，有匿名网友发帖称已得知该女子的详细信息。她的身份证号、家庭成员、具体地址、工作地点，甚至父母亲和哥哥的电话全被“挖”了出来。

2009 年 11 月 16 日，美国总统奥巴马在上海科技馆与中国青年对话。在演讲现场与奥巴马一起出现在镜头内的一名中国黑衣美女照片被曝光后，该女孩迅速在网络上走红，被称为“奥巴马女郎”，美女身份之谜也引发网友人肉搜索。在网民的关注之下，该女孩的身份被迅速确定，进而她承认，自己在演讲现场的表现是一次策划炒作的行为，而在网上传播现场照片并试图引起关注的，并不是普通的拍客，而是一名事先安排好的摄影记者。

人肉搜索充分体现了团结就是力量，这一场场由网民发动起来的战争不禁让人拍手称快，更让人惊叹 google、百度的自然语言智能处理的功能之强大。但是同时，人肉搜索中充斥着大量的非理性的话语和网络行为，也容易涉及侵犯当事人隐私的问题。所以有网民戏称：如果你爱他，把他放到人肉引擎上去，你很快就会知道他的一切；如果你恨他，把他放到人肉引擎上去，因为那里是地狱。

二、商业力量的形塑

拍客出现之初可能也没有考虑商业因素，但随着拍客大量涌现，其很快被商业所关注。大众的注意力集中起来快，移动分散的速度也很快，所以一个影像不可能长期被高度关注，商业力量进来之后想要实现的，就是不断借助亚文化的力量甚至借用这种形式来实现自己的经济利益。

用拍客“黏住”网民

网络经济也是一种注意力经济，大众的注意力、点击量可以增加广告商和投资商给网站的投资，因而是影响网站收益的直接指标。因此，当拍客成为一种亚文化或者流行文化之后，网站所需要的是提高网站的“黏性”，用拍客“黏住”网民。

其实，人类所有的传播媒介都需要吸引受众，如果我们把传播媒介的进化与零售商业模式的进化做个类比的话，会发现一个很有意思的现象：

表:视觉传播方式与零售商业模式类比

视觉传播方式	可以类比的零售商业模式	吸引受众的方法
电影	百货商店式模式	展示影像
电视	超级市场式模式	展示影像+各取所需
网络	购物广场式模式	展示影像+各取所需+沉浸其中

和电影时代对应的是百货商店式的商业模式,电影用影像吸引观众购票,正如百货商店琳琅满目的货物放在橱窗中让顾客去挑选。然而百货商店的商品只能看不能摸,要拿到手上还得借助于售货员的帮助,于是超级市场诞生了。在超市里人们可以随心所欲地选取货物,正如电视时代,观众通过手中掌握的遥控器可以选择自己喜欢的频道,电视和超市的共同特点在于各取所需。

网络时代则又往前迈进了一步,网站并不一定要你去消费什么,让你沉浸在其中的目的在于延长你在某个网站的逗留时间。逗留时间越长,网站就可以去广告商那里获得更多的广告,也可以去投资者那里获得更多的投资。因此,网络和以往视觉传播方式最大的不同在于,它让你以貌似免费的方式沉浸其中、乐此不疲、流连忘返。之所以超级市场里的东西摆放得密密麻麻,原因就在于商家必须从你的购物消费中获得收益。现今的购物广场(shopping mall)打破了这一点,你不一定要买实际的物品,只要来 mall 里面逛逛。殊不知,秘密就在"逛"里面:当你在五光十色的 mall 里逛了之后,很难什么都不买就离开,即使什么都不买,也很有可能要在里面吃顿饭。

网络和以往视觉传播方式最大的不同在于,它让你以貌似免费的方式沉浸其中、乐此不疲、流连忘返。

在这个视觉为王的时代,还有比用视频勾住网民更好的办法吗?千万别忘了,互联网最重要的是流量。因此,很多门户网站常常组织拍客比赛,和拍客签约,引用网上的各种拍客影像……

很多活动都有着聚拢人气的考虑。看起来网络媒介提供了一个平台,让拍客自己生产内容,但是网络还是最大的赢家,因为一大批拍客为它提供了内容,吸引并且“黏住”了更多的网民。

2006 年被称为中国网络的视频元年,这一年优酷网也热推“拍客”一词。因为优酷是视频分享网站,所以这个概念在提出时不是指拍照片,而是指拍视频放到网络上。从 2007 年 6 月起,优酷先后发起了多个拍客主题征集活动,优酷的奖金制度、网站编辑选择视频的偏好,培养了中国第一批拍客。

优酷网 CEO 古永锵曾对媒体表示:“拍客是一种眼界,是一种积极、主流、社会公德的态度,这样一种态度比技术更难能可贵,做拍客并不需要具有很高的技术、技巧,正所谓拍客无处不在,谁都能做拍客。而作为目前成长最快、用户最喜爱的视频网站,优酷网非常乐意与用户一起培育这种很有意思,也很有意义的流行文化。同时为新拍客们提供最好的视频分享、发布和展示平台。我们希望越来越多的网友加入拍客的行列,希望新拍客能引起社会方方面面更多的关注。”[1]

这段话不妨从两个层面来解读:第一,优酷确实成就了一批草根拍客,草根拍客也给优酷早期的发展提供了亮点;第二,优酷为“这种文化”提供了“平台”,希望网友“加入”,希望社会“关注”,都是为了这个网站的生存和发展,尤其是内在的商业诉求。因此,当你在网上点播一个拍客视频时,在正式播出的前后,往往会看到一两段广告视频。

视频分享模式与拍客风格的扭曲

全世界都知道有个 YouTube,这个以视频分享闻名的网站,

---

〔1〕 参见 http://finance.sina.com.cn/leadership/sxyxx/20070818/03003894683.shtml.

在成立之初，引领了全球网络发展的一种趋势。很快，在国内也出现了土豆、优酷等一系列视频分享网站。然而一个不争的事实是，到本书写作时，YouTube 还没有实现盈利，优酷也没有。

为什么在巨大的人气之下无法实现盈利？互联网专家对此有各种各样的解释，然而从文化与经济的关系看，笔者的观点是，视频分享网站尚未将巨大的网民群体变成消费者群体。

视频内容大致可以分为版权内容、拍客内容和公众内容。古永锵早期曾提出，这三大内容中，广为流传、赢得高点击量的通常是那些版权不明的影视节目、搞笑视频和诸如“美女自拍”等有火爆关键词的自拍视频。[1] 可见，拍客内容并不是视频网站的主体，也不是视频分享网站的主要盈利来源。2010 年以后，国内多家视频网站竞相在国外上市，版权法规和营利压力迫使其不得不花血本去购买各种正版的影视作品。以土豆网为例，根据上市文件显示，该网站 2007—2009 年共采购了 830 部电视剧，而仅 2010 年一年就采购了 1360 部。巨大的版权购买成本给视频网站增加了资金的压力，所以各家网站都积极介入低成本的原创内容，拍客无疑是一个重要的渠道。

从拍客的角度看，YouTube 和优酷之类的网站作为视频短片的分享平台，它们通过视频存储功能和搜索功能使网民以分享视频短片的形式展现个性、尽情狂欢。它们所体现的是草根的参与和原创精神，所展示的是视频短片与文字评论相结合的狂欢广场式生活。视频分享可以把自由、开放、平等、分享的互联网精神发展到新的高度。

诉求点的不同，使得视频分享网站一方面不得不提供大量的带宽和存储空间给普通网民使用，大量拍客内容被网站视为

诉求点的不同，使得视频分享网站一方面不得不提供大量的带宽和存储空间给普通网民使用，大量拍客内容被网站视为不能带来盈利的“垃圾流量”；另一方面又要通过某些视频在短时间内积聚大量的点击量，于是在视频分享网站的首页或者相对重要的位置上，我们看到的往往是一些另类、煽情、暴力、低俗的“垃圾内容”。

〔1〕 参见 http://finance.sina.com.cn/leadership/myxcl/20080616/17334987100.shtml.

不能带来盈利的“垃圾流量”;另一方面又要通过某些视频在短时间内积聚大量的点击量,于是在视频分享网站的首页或者相对重要的位置上,我们看到的往往是一些另类、煽情、暴力、低俗的“垃圾内容”。笔者认为,这并不能代表普通拍客的审美取向,而体现了网站在安排内容时的一种导向。这样的做法虽然在短期内能取得一定的效果,但是给拍客戴上了一个不好的帽子,使得普通网民误以为拍客就是追求这些品位的人群。比如 2011 年发生的苏紫紫裸模事件,如果仅从个人行为来说,苏紫紫所做的一切无可厚非,但在这个过程中,明显存在商业动机,而且在整个事件中,占据人们视线的是她的裸体。拍客和商业都利用了日常禁忌,拍客突破了禁忌,在这个时候,商业力量也乘机而入,将当事人打造成网络红人,用其来实现代言、展示等功能。

商业无处不在。从某种意义上来说,拍客面临被商业化的危险。拍客图像直接诉诸人类本能的、感官的世界,有所谓的视觉冲击力。所以,今天拍客的大量出现,在某种程度上和媒体的商业需求有关。拍什么,拍的尺度的拿捏,都包含在商业策略中。伴随着金钱崇拜、娱乐至上的风潮,文化产品的过度商业化需要警惕,在互联网极度发达的今天,这一趋势迎合了人性中低层次的欲望。

视频分享网站都是有巨额风险投资的,网上的视频必须要为资本服务。当资本大规模介入到影像的生产、播出和调控过程之中时,资本增值的欲望和网民自由创作的精神,到底谁能战胜谁?

身体、欲望成为拍客的重点

经过这么一番分析之后,我们就可以解释为什么不少互联网上的拍客的图像和视频带有情色的味道:一方面拍客自己需要树立自己的风格;另一方面商业的力量在其背后形塑。有研究者发现，新浪拍客联盟的一级页面上，提供了点击量最高的拍客视频链接，在这 12 个视频中，与两性、美色相关的主题有 7 个，占到了 58.3%，其中点击量在 100 万次以上，收视率高居前四位的全是和两性相关的题材。[1]

拍客本身就是对于传统拍摄方式的一个挑战，也是对传统题材的挑战，是对传统拍照或摄影禁忌的一种突破。在拍客影像中，欲望和身体构成了重要内容。在网络为拍客提供了展示平台之后，整个传播链条就这样建立起来了。

网络和传统的报纸、广播、电视不同，传统媒体的内容生产有着严格的程序和制度，对有些许涉及身体和欲望的内容都要严加审查；而网络有拍客这样的个人影像生产者，为了扩大自己的影响，增加自己的点击量和回报，有些拍客会制作一些暧昧的内容。另外，传统的电视一般都是全家人观看的，而网上的视频一般是单独观看的，且在网上观看视频的一般都是青年网民，身体和欲望的内容也迎合了年轻人驿动的心。

还记得当年的木子美吗？2003 年 6 月，木子美在其博客中发布了自己的性爱日记，她的博客一时间成为中国点击量最高的博客之一，有人甚至认为木子美事件直接推动了博客用户的增长。而在博客流行之后，有声有色的播客也逐渐兴起。作为个人媒介平台的博客增加了多媒体功能，个人可以方便地制作、发布自己的影像，这直接为拍客的产生提供了条件。有了博客的示范，拍客在其出现之初，也是以很多极端私人化的身体呈现为内容的。芙蓉姐姐、国学辣妹、二月丫头、天仙妹妹等一个个名不见经传的普通人在网上一夜蹿红，都与身体和欲望的主题有关。

每个人都有权利展示自己的身体，但并非展示得越彻底就

---

〔1〕 孙燕. 网络拍客视角探析. 今传媒，2008(12).

越能证明自己。如何使展示与表达完美结合，如何让自己的身体给人以美感，是拍客面临的问题。Lauren Peralta 是一个值得我们学习的例子。Lauren Peralta 来自纽约，是一个在西方崭露头角的模特和摄影师。就像别人评价的那样，“她就是有办法让相机漂亮地捕捉到自己”。在 Yahoo 创办的社交网站 Flickr 上，Lauren Peralta 上传了若干自拍的照片，其中大多有文身，也有裸体，以至于网友给她的标签最频繁的是 selfportrait（自拍）而不是 model（模特）。对于自拍的照片，她只是简单地说：“我的照片，我拍的。”而在另一个叫做 modelmayhem 的模特网站上，Lauren Peralta 的简介和别人颇为不同，因为她说“我可以为你做模特……而如果你想让我来为你拍摄，也可以和我联系”。对于模特来说，这个职业一直让她处于被拍的位置，自拍者的身份让她可以自己控制自己的身体，模特和摄影师在她身上得到了矛盾的统一。而当她自己端起相机为别人拍摄的时候，是不是更可以找到一种心理上的舒缓感呢？让一个长期被拍的人为你拍摄，可能会有意想不到的效果。

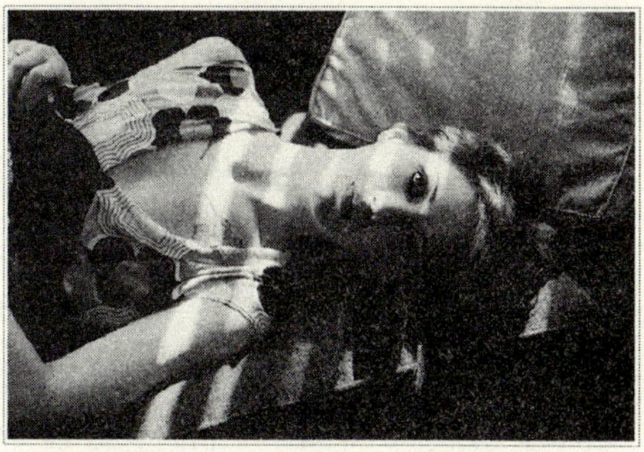
图：Lauren Peralta 给自己拍的照片
一个经常处于被拍摄位置的人，拍出的照片体现出了另一种风格。

商业化的拍客：困境与可能

笔者考察过一些拍客群体，发现大部分都是默默无闻的，另外有一些拍客则是被网络媒体包装出来的，他们所拍的东西，是符合媒体需要的。大量无名的拍客，所拍的东西越是千奇百怪，越能显示出这个社会的本来面貌。当拍客成为一个很大的群体的时候，其中各种亚群体就不可避免地出现了。很多拍客在和网站签约或者成为网络推手之后，他们拍摄的内容会出现一定的倾向，而需要注意的是，并不是签约就一定成为商业化的俘虏，互联网在今天的发展离不开商业力量和资本的支持，如何在商业化和个性化之间走出一条路，倒是很多职业拍客要考虑的。

笔者曾长期追踪新浪网拍客 flyliao，他虽然和新浪签约拿报酬，每月给新浪提供很多拍客视频，但是这位职业拍客拍的内容非常具有人文关怀的色彩。flyliao 真名叫廖晓东，现居武汉，他当过中专老师，教过小学生英语，还曾在一家网站有过稳定的工作。2007 年 6 月，他碰上了一个乞丐，发现这个乞丐竟然懂英语，最让他无法释怀的是，这个乞丐不光只想着用讨来的钱来填饱肚子，还想写作出书，找一份好工作。廖晓东拍下了这个人，放在网上，竟然引来热议。从此，廖晓东开始成为一名网名为 flyliao 的网络拍客。

2008 年初，廖晓东拍摄并上传的《最感动人的天使奶奶》的视频，被放在新浪播客的头条，3 段视频几天之内上到了 10 万的点击量。视频记录的是一位武汉老奶奶踩着三轮车在街头送水果打零工的生活片段，这位当年 74 岁高龄的老人靠自己的退休金和打零工的钱养活老伴和孙子的故事让很多网友潸然泪下。很多网友给这位老人送去钱物，后来武汉当地的新闻媒体也介入进来。

这条视频获得了新浪网的 1000 元稿费，这也是新浪当时给拍客稿费的最高标准，此后，廖晓东成为新浪的签约拍客，也成为网络拍客中的红人，他的作品不仅在多家网站出现，也被当地很多电视台采用。因此，拍客和商业的关系是复杂的，拍客虽然会被主流媒体和商业力量左右，但是它们也给了拍客生存的空间。再者，大量拍客的出现，本身是对少数人占有的一种拍的方式的挑战。人人都拍，给社会带来了视觉上的多元化，而拒绝了以往单一的视角，其实这样的社会才更真实。

拍客和商业的关系是复杂的，拍客虽然会被主流媒体和商业力量左右，但是它们也给了拍客生存的空间。

不可否认，互联网利用了拍客的号召力，因为原创内容永远吸引人。在 Web2.0 平台上，用户既是视频浏览者，也是视频发布者，两个身份的重叠会使用户的特征强化。“我发的视频大都是我们家宝宝的视频，但我也会经常浏览别人家宝宝的视频。”一位刚当上妈妈的拍客说，“我老公发布了奥运会火炬现场传递的视频，后来我发现他也经常浏览与奥运火炬相关的视频。”这是拍客的共同特征：高度聚焦、高度忠诚。喜欢自拍的美女，也必然将目光聚焦在他人的自拍页面上。在某种程度上，拍客给了视频分享网站最好的分众广告市场。

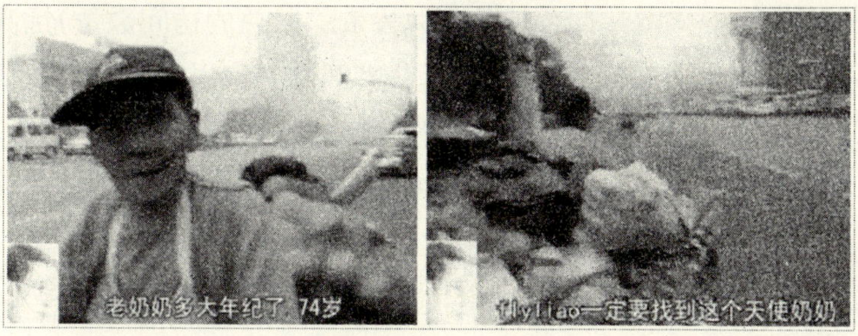

图：《天使奶奶》视频截图

截图左下方是拍客 flyliao 的素描，他的拍客影像有着鲜明的草根印迹。对社会底层的关注为拍客提供了有力的存在理由。

优酷网曾通过签约拍客，为惠普打印机产品量身定做了一个极具创意、超级搞笑的广告视频，这个视频一放在网上，其点击量便急速飙升。这种拍客营销的做法，如果策划得妥帖，并不会让人厌烦。此外，视频分享网站的旗帜广告、前后贴片广告、叠片广告、暂停广告等硬广告，也能给网站带来收益。毕竟只有网站发展了，拍客才有自己的阵地。

然而目前的问题在于，国内拍客的创造力还不够。在国外的视频网站中，50％的内容是原创的，而优酷网的比例为 20％左右。网络视频类似一种公共物品(common goods)，如果只有少数网友愿意分享而多数网民倾向于搭便车只观看不分享的话，那么势必出现某些影像在网上被互相拷贝，甚至网站间相互盗版上传的情况。因此国内各大网站纷纷开设拍客训练营，将一批草根拍客训练成具有新闻敏感度的“记者”，以此提高网站视频原创、独创所占的比例。视频分享网站的单用户成本(即某一时段网络的总投资除以总的访问数量)远高于图文为主的网站,这要求视频分享网站必须提升单用户价值。然而视频分享所面临的集体行动困境和盗版问题使广告商望而却步。因此,拍客亚文化并不因为有了视频分享网站而变得简单。

三、社会事件的介入

今天的"拍",更多的是一种群众行为,拍的对象也是更日常化的,包含社会生活的方方面面,不像过去的拍摄都经过修饰,总体来说,现在的"拍"呈现的是一个多元化的世界。从多年前《一个馒头引发的血案》的恶搞闹剧,到香港《巴士阿叔》《你有压力,我有压力》的怒吼引爆的社会大讨论,现在的观看者已经不再仅仅追逐视频在诞生初期所带来的娱乐效应,而是更多地将视线集中在社会关注视角上。这是新型拍客产生的社会基础。2005 年,全球照相手机的销量已经达到 3 亿台,一些高端照相手机甚至比专业数码相机更厉害。普通人在"正确的时间、错误的地点"用手机拍的照片成了 2005 年媒体关注的一个热点,它以令人不安的数量与速度显示了"沉默的大多数"参与公共话题的热情——2005 年 12 月 11 日伦敦北部班斯菲尔德(Buncefield)燃油库事件发生之后,BBC 竟在两天之内收到了 6500 多份手机照片和视频。在韩国,一个名为 OhmyNews 的网站于 2000 年 2 月创办,迄今已成为韩国最具影响力的网络新闻媒体,其新闻主要是社会普通市民拍摄的影像,拍摄者包括大学生、教师、白领、家庭主妇,甚至专业记者。

和靠网民力挺走红的拍客相比,介入社会事件的拍客往往给予主流新闻一个自己的解释。同时,按照国内互联网新闻的相关管理规定,商业性网站没有自己采写新闻的权限,因此,通过拍客提供民生新闻、公共新闻,是其规避弱项、增加竞争力的有效手段。

2007 年 8 月 14 日下午 5 点 20 分左右，当时全球第三、中国第一高楼——上海环球金融中心起火，优酷网友 seehots 独家捕捉到现场视频，第一时间将其上传到优酷网站上，优酷快速反应，及时把这条消息推荐为首页头条，使该网站成为国内第一个对此事件做出反应的视频网站。之后几小时内，这条视频新闻被多家网站竞相转载，并推荐为首页头条。这就是典型的拍客新闻：由普通网友目击新闻热点事件，然后由视频网站将其上传的内容向公众、媒体推广传播，引起社会的普遍关注和讨论。

2008 年中国南方发生的雪灾和南北大动脉的中断，网络上的相当一部分图片就是拍客发自现场的，如《九江高速路连环撞车》《贵州大雪压垮高压线》《停电的郴州》等。再往后，很多新闻事件的现场，都有拍客提供的佐证。几乎可以说，拍客的影子已经无所不在。“呈现社会热点，影响新闻视点，改变生活”这一目标已逐渐成为网络拍客新的使命，而他们中的佼佼者就是公民记者。

作为公民记者的拍客

传播学者麦克卢汉说过，媒介是人体的延伸。网络、手机、电脑等新媒体的普及为公民有序的政治参与提供了有利的技术支撑。在大众媒体和网络社会崛起的时代，公民参与获得了前所未有的成长空间和社会生态。网络社会形成了更加开放多元的公共空间，唤醒了关心公共利益和公共议题的公众，培育了更具权利和责任意识的现代公民。

公民记者，一般认为始于 20 世纪 90 年代的美国，伴随公民新闻概念的传播而诞生。1998 年，美国人德拉吉的个人网站先于所有传统媒介曝光克林顿性丑闻事件，这使得德拉吉获得“全球最早的公民记者”称号。

在中国，首个被称为公民记者的人是周曙光。1981 年出生的周曙光，本来是一个卖菜青年，每天骑着三轮摩托在湖南宁乡县煤炭坝镇的大街小巷卖豆腐和蔬菜。2007 年 3 月底，周曙光来到重庆，3 月 28 日 15 时，他在博客上贴了第一篇报道《我在重庆九龙坡查访最牛钉子户事件》，报道了他的行踪、他遇到的人以及人们对钉子户事件的反应。除了文字，他还上传了视频，视频点击量相当高。随后的几天，周曙光在自己的博客上发表了大量的文字、图像和视频。

周曙光携带的采访装备包括一个 200 万像素的佳能相机(是以前公司淘汰后修好的)，一部从同事处购得的二手索尼手机(可录音、上网)，一台有摔损痕迹的 IBM 旧笔记本电脑。后来，他向重庆当地媒体的一个记者借了一个数码相机，用于摄像。

周曙光说，他觉得这于公于私都是一件好事。于私，是指为自己及其博客增添人气和点击率；而于公，则是满足关注这件事情的人们的好奇心。但是，周曙光的偏向性的话语风格受到了批评，有专业人士批评他没有采访拆迁方，也有很多材料没有核实。

笔者认为，我们不能因为周曙光目的的不纯粹、方法的不专业而否定其公民记者的行为。按照目前任何一家媒体的招聘标准，周曙光都很难成为一名记者，因为他没有接受过系统的专业训练，也没有大学文凭，但是他给了最底层的民众一个表达的机会。“钉子户”一词本身就是一种权力话语，这个提法本身就带有歧视意味，它是暴力拆迁、强制拆迁的遮羞布。不能因为开发商拆迁而百姓不愿意，我们就跟着开发商称百姓为“钉子户”。关于重庆钉子户的新闻，如果没有拍客介入，很可能这个钉子户的声音就无法传递出去，因为没有人帮助他，而恰恰周曙光关注了这件事，所以事件才引起全国公众的关注。越来越多的拍客介入到各种热点事件中去，使得事件变得更容易被公众知晓，从另一方面而言，这对传统媒体也提出了更高要求。

张熙是南京市的一位普通市民，爱好摄影，更爱“挑刺”，专挑公共场所消防隐患这根“刺”。张熙和其他七八位市民组成了一个拍客团，从 2011 年 11 月 15 日起每天发布大量的探访照片，反映一些商场、医院、写字楼的消防隐患，一个月内已经发布 6000 多张照片，并将其上传到“清剿火患战役拍客在行动”新浪博客。浏览这个博客，我们发现通道堵塞、安全门不关闭等，是拍客们经常拍摄的内容，同时此博客还收录了全国各地近期发生的大的火灾。拍客很多时候是凭借常识“挑刺”，不过与专业知识相比，更重要的是一种较真的态度。张熙表示，他们并不很专业，也许有些问题没挑准，有些问题说错了，有些还没有看到，但是不管怎么样，他们希望能够多关注身边的消防隐患，同时让更多的人参与进来，自己去改变身边的环境。张熙把自己博客的地址设定为 http://blog.sina.com.cn/001cctv，是不是暗示他们做的是 cctv 应该做的事情呢？同时，他把雷锋的图像安排为博客的背景，也在提示我们，这其实是件为公众服务的事情。

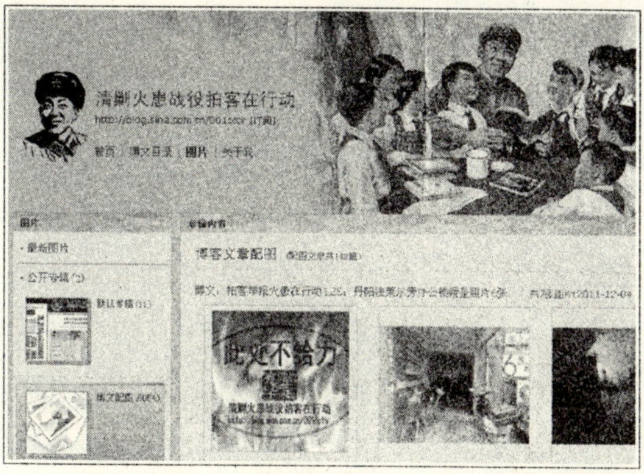

图：“清剿火患战役拍客在行动”的博客页面
张熙把自己博客的地址设定为 http://blog.sina.com.cn/001cctv，是不是暗示自己做的是 cctv 应该做的事情呢？

微博上的“微拍客”

2010 年流行起来的微博给拍客增添了一个新的互联网平台。微博上的“微拍客”更是让从拍到播这个链条更加流畅。

2010 年 8 月 8 日凌晨 3 点 23 分，一个名叫 Kayne 的网友，在新浪微博上发出了一条 19 字的讯息:“水灾、停电,几乎一幢楼的人们都围在这烛火旁。”微博上还贴出一张照片,照片中一盏烛光驱散了四周的黑暗,光影里,几个人围坐在一起。这条来自舟曲的信息,仅仅几个小时,就被转发了 5000 多次。在之后的很多天里,Kayne 的微博成了网友甚至是媒体了解灾情的重要信息源。Kayne 的真名叫王凯,在发出那条微博前,他是重庆理工大学的大二学生,那条微博发出以后,他成了一位没有记者证的记者。王凯是国内第一个图文“报道”舟曲灾情的人,每天都有数万人在网络上等待他更新微博。

正如公民记者一样,当拍客以信息传播者的身份在微博上传播突发事件的时候,他本身承担了一部分记者的职能。图文结合的博文往往给人很强的真实感,但是,也因为微博等互联网平台的公开性和使用者素质高低不齐等问题,微拍客也常常遇到各种批评。

作为亚文化的“随手拍照”与作为网络运动的“微博打拐”在很大意义上存在差别。“微博打拐”可能只是一次民意井喷,民意在短期汇集之后又迅速退去,流浪和被拐卖儿童的成长环境和权利现状依旧未能从本质上得以改观。因此,一旦拍与现实问题相接触,如何将拍客与社会公共事件进一步结合在一起,而不是浮光掠影地提供一两张照片或一两段视频,是应该深层次思考的问题。

2011 年 1 月 25 日晚,学者于建嵘在微博上开通了“随手拍照解救乞讨儿童”官方账号,表示“希望大家见到街头乞讨儿童就拍照或录像”,希望借微博力量,寻找那些被拐卖致乞讨的儿童。在短短几天内,“随手拍照解救乞讨儿童”已有粉丝 7 万余人,有近千张网友街拍的乞讨儿童照片被发布在该微博上。接下来,公安部门和网民持续互动,公安部门承诺将对每一条线索进行处理。然而,这一网上行动在短期内迅速黯淡下来,很多拍摄上传的照片并非流浪儿童,通过微博找到的被拐卖的孩子也寥寥无几。

笔者认为,作为亚文化的“随手拍照”与作为网络运动的“微博打拐”在很大意义上存在差别。“微博打拐”可能只是一次民意井喷,民意在短期汇集之后又迅速退去,流浪和被拐卖儿童的成长环境和权利现状依旧未能从本质上得以改观。因此,一旦拍与现实问题相接触,如何将拍客与社会公共事件进一步结合在一起，而不是浮光掠影地提供一两张照片或一两段视频，是应该深层次思考的问题。

影像与视觉民主

在日常生活中，要想获得、行使法律赋予公民的知情权、监督权等并不容易，而在互联网上以报料的形式将所关注的内容体现出来恰是一种较为简便的方式。当然，从一时兴起随手拍照，到以拍为手段推动社会的民主、公平与正义，从提出搞笑的娱乐内容到提供严肃的社会事件，这其中相隔的距离相当遥远。

在 1978 年以前的中国社会中，由上至下和由下至上两个沟通渠道是极不对称的，前一条沟通渠道稳定而有效，后一条沟通渠道系统化和制度化的程度则较低。在由上到下的沟通中，报纸、书刊、广播、电视等大众传播媒介起着重要作用。这些舆论工具主要是传达党和国家的决策和思想，并力图用群众“喜闻乐见”的形式使这些决策和思想能“深入人心”。[1] 与此对应的媒介接受形式则主要是广播电视的集体收听收看，集体读报，单位组织包场看电影。

西方的所谓“市民社会”，则是指在那些源出于保护个人自由的思考以及反对政治专制的近代自由主义政治思想、源出于对市场经济的弘扬以及对国家干预活动的应对的近代自由主义经济思想的基础上而逐渐产生的相对于国家以外的实体社会。我国改革开放以来，随着市场经济体制的确立，公民的自我意识也在不断增强，在国家与社会关系演变的背景下，媒介内容及其生产方式和接受方式也开始发生变化。

作为公民记者的拍客打破了原来就不对称的两个渠道。哈贝马斯曾经讨论过，由广场、咖啡馆等有形的现实空间所构成的

---

〔1〕 孙立平.现代化与社会转型.北京:北京大学出版社,2005:137.

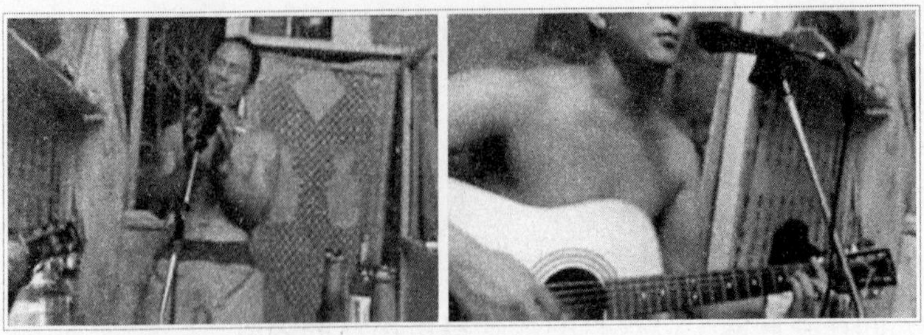

图：旭日阳刚演唱视频截图

旭日阳刚依赖拍客成名，然而拍客如何为更多的旭日阳刚鼓与呼，是值得思考的问题。

公共领域，它对于公民行动有着决定性的意义。随着新媒体的兴起，公共领域的形态也在发生变化。网络作为一种流动的公共领域，较之传统的公共领域更具弹性，它可以把身份不同的群体瞬间聚集，就某一公共议题展开讨论、审议。而在这个过程中，各种非理性的言论可能随时出现，然而这并不意味着公共事务管理者应该简单地拒斥或者关闭网络空间，而是应该促进网络公共空间真正向民主的方向走去。

在现实生活中，要达成这样的影像民主并非易事。今天，中国的网民还很年轻，在很多场合，他们更习惯于围观、狂欢，而不习惯理性地表达。2011 年，一个草根组合旭日阳刚的视频在网上走红，从表面上说网民的力挺成就了这对组合，但其背后深层次的原因是近年来农民工生存环境的不容乐观。当旭日阳刚最终登上春晚舞台之后，情况有了飞跃式的变化，从网上的视频看，他们开始接受各种明星访问，参加各种商业性演出，代言各种广告产品。公众也由被他们苍凉的歌声感动，转变为质疑他们的身份和对商演价格的猜测。旭日阳刚当然应该体面而有尊严地活着，然而问题在于，成熟理性的网络舆论应该少关注些娱乐性的话题，而应该以此为契机，多关注中国更多的农民工的生存状态，关注城市化进程中的农民工问题。

旭日阳刚当然应该体面而有尊严地活着，然而问题在于，成熟理性的网络舆论应该少关注些娱乐性的话题，而应该以此为契机，多关注中国更多的农民工的生存状态，关注城市化进程中的农民工问题。

今天的中国，客观存在着两个舆论场：一个是党报、国家电视台、国家通讯社等主流媒体舆论场，它们忠实地宣传党和政府的方针政策，传播社会主义核心价值观；一个是依托于口口相传特别是互联网形成的民间舆论场，人们在微博、BBS、QQ、博客上议论时事，针砭社会，品评政府的公共管理。互联网成为“思想文化信息的集散地和社会舆论的放大器”，改写了“舆论引导新格局”。[1] 在这中间，拍客及其影像也应该勇于担当，介入公共事件的反映与探讨，用影像推进社会民主进程。只有形成健康有序、宽容理性的公众，公民参与才有行动力。正如思想聚集着思想者，公共议题也聚集着公众。理性宽容的现代公民只有在参与中才能得以淬炼。[2]

四、主流社会的收编

拍客改变了网络媒体，实际上也在改变着我们自己。多年前，人们是由书籍这种印刷媒介塑造的，书的作者(author)就是权威(authority)的词根，这意味着作者有某种权威。在网上，对一段走红的拍客影像，可能我们所关心的并不是它的作者，在一个没有作者/权威的世界里，主流社会如何抓住拍客的某些做法，调用各种力量完成对他们的收编？

收编也能让拍客走红

葛兰西在他的文化霸权理论中指出，处于文化领导权地位的文化必然要将它的这种文化在全社会渗透，占统治地位的文化对从属地位的文化并不是简单的支配关系。因此，主流文化对待亚文化的态度并不一定是排斥的，在一定的条件下，主流文化会对亚文化进行吸纳与调和。因此，主流文化同样可能通过

主流文化对待亚文化的态度并不一定是排斥的，在一定的条件下，主流文化会对亚文化进行吸纳与调和。因此，主流文化同样可能通过某些途径使得拍客走红，当然，前提是必须将拍客的内容纳入主流的“叙述频道”。

〔1〕 参见 http://opinion.people.com.cn/GB/15119932.html.
〔2〕 郑维伟.网络公共空间与公民有序参与.学习时报，2011-08-29.

某些途径使得拍客走红，当然，前提是必须将拍客的内容纳入主流的“叙述频道”。

图：《苏州撑伞女孩》

主流文化对某些拍客影像的重视，反映了主流文化的包容性，也体现了主流对拍客的重视。

2011 年 8 月 30 日，《光明日报》在第十版头条位置，用大幅版面刊登了当时网络流传甚广的几幅图片：《撑伞女孩》《板凳妈妈》《最坚强母亲》。撑伞女孩的感人故事最初是由一位名叫金桥 tj 的网友在蜂鸟网纪实摄影频道发帖讲述的：在江苏省苏州市木渎镇灵岩山下，不期而至的倾盆暴雨中，行乞的残疾老人正艰难地前行。一位路过的女孩特地跑过去为老人遮风挡雨。伞太小，雨太大，女孩自己全身都被淋湿了，但她似乎全然忘却了这一切，她弯着腰，撑着伞，跟着老人的速度，一路护送老人到他的住处。

撑伞女孩的走红只用了短短几天，其传播途径大致如下：拍客在苏州拍摄；蜂鸟网首发；网友转载到西祠胡同等江苏知名网站；江苏传统媒体跟进报道；新华网、人民网、光明网等中央重点新闻网站，新浪、搜狐、网易等知名门户网站进行转载、详细报道和评论。

虽然都是转贴和转载，但是代表主流文化的传统媒体在报道的时候其角度明显与网络媒体不同。《光明日报》在报道中言及：“伟大”离普通人并不遥远。每一个将心中善念付诸实践的人都是好样的。这“伟大”极尽纯洁与平淡。然而，朴素之美，天下莫能与之争。中华民族的仁爱精神在“小人物”充满大爱的行动中得以淋漓尽致地展现。

主流文化显然已经将撑伞女孩提高到了某种思想境界，与网络媒体热衷的人肉搜索女孩是谁、“少女与乞丐”的叙述有了很大的差别。而主流文化试图实现的，是对网络拍客的照片赋予正面的引导。

拍客所拍的世界看起来五花八门、千姿百态，但归纳起来就两种情况：一是带有社会意义的拍，它能产生一定的社会功能，通过一系列的拍推动事情的解决；另一种是出于私人行为的拍。不过，私人意义上的拍也可能转变为公共行为。《北京晚报》曾刊登一幅新闻照片，图片显示了一位妇女在大雪天下车推公交车的场景，记者特地加了注释，大意是好人好事越来越多，人们的公共意识增强了。细心的读者会考虑一个问题：这个女乘客说不定是司机的亲戚或家属，是为司机而推车；媒体却赋予了这件事一种意义：这个人是为了公共道德而推车。

主流媒体用这样的照片说明自我和公共道德的关系，另一方面，这也说明私人化的拍总包含了一种社会意义。许多拍客的照片，哪怕仅仅是宣泄与表达自己情绪的照片，或者是一些街景照片，其实也是在表达一种态度和观点。比如拍一个街头捡垃圾的孩子，或许包含这样的意思：我认为这个孩子是可怜的，为何不让他读书？在这个意义上，今天的拍，都具有社会意义，每一个普通人都可以通过拍表达观点，现在许多新闻事件的照片都是普通市民提供的便充分说明了这一点。各种各样的拍客行为，逾越了主流媒体的霸权，让主流媒体难以控制。所以，主流媒体也在改变和适应这种环境，例如前面说的在对撑伞女孩的报道中，主流媒体迅速肯定了拍客的行为。

收编方式种种

伯明翰学派的亚文化研究的三个关键词，可以帮助我们理解这一现象：第一个是“抵抗”——所有的亚文化对主流社会都有一种抵抗，拍客拍的内容是对主流影像的一种抵抗；第二是“风格”——拍客要形成独特的风格，这是亚文化的标志；第三是“收编”——指商品社会和意识形态对青年亚文化的收编。

网络的一代成长于网络，网络是他们名副其实的第二生存空间。这一代人拥有相近的价值观念、认知方式和知识结构。当大量的年轻人都普遍拥有这种观念的时候，启发是普遍的，力量是普遍的，影响也是普遍的。主流社会已经无法回避，不得不接受它，所以这个收编的过程被大大缩短了。

收编在意识形态和商业层面两个方面展开。主流意识形态将拍客分散、无序、零碎的拍摄和传播状态，重新纳入到少数精英和主流媒介工业所能控制的文化生产、分配和消费流程中。上述《光明日报》的报道，就是典型的例子，此外，各种各样的拍客评比或拍客大赛，也担负了这个功能，将各种零散的数码短片，逐步纳入到主流媒体可控的范围内。在各种评比中，几乎都是专家唱主角，所有影像作品是按照学者、专家的文化趣味来进行评判和筛选的。这样，本来自发的影像拍摄重新变得有秩序，也有了等次。

至于商业层面的收编，基本上是和前述“商业力量的形塑”联系在一起的。一方面，商业力量吸收了亚文化的某些形式，得以创造利润；另一方面，青年人也利用商业媒介提供的符号资源，建立自己独特但合理的社会身份。因此，拍客中呈现的亚文化可再作细分：第一，与商业文化和主流意识形态保持距离的青年文化，或注重仪式抵抗，或张扬自我表现，亚文化特征明显；第二，积极地向商业文化和主流意识形态靠拢，或趋向商业化，或迎合主流意识形态，呈现出最终被收编的态势。

从具体的做法上看，主流文化和主流媒体一方面对网络拍客的影像进行有选择的关注，另一方面也号召大家来拍，并在拍的内容上进行了引导。例如，在近两年的全国“两会”期间，央视

《新闻联播》开设了“代表委员自己拍”的栏目，将摄像机送到参会人员手中，请他们来拍摄自己感兴趣的两会新闻并在节目中播出。如此这般的拍客已经和原来意义上的拍客相去甚远了。

商业网站：内容与意义的协调

互联网上作为亚文化群体的拍客，往往不得不在与商业文化和主流意识形态的互动中得以呈现。我们今天看到的大部分拍客作品，大都依托于商业性的网站，这些网站一方面希望拍客的作品得以完整展现，另一方面又忌惮于主流文化的压力而不得不对上传的作品进行整理、删节，对拍客进行引导。

不可否认，国内视频网站和图片论坛常常因其低俗、裸露的特质而被主流文化批评。很多以底层、身体为主题的拍客内容确实也有这样的嫌疑。面对这样的压力，很多网站开始用一些主流的话题引导拍客。以优酷网为例，该网站在北京奥运会火炬传递期间将首页关键字“奥运”用鲜红的颜色予以标注，并且将当天奥运会火炬传递的最新视频放在最显眼的位置。同时，该网站还发起过“救助白血病患儿”等公益活动，这些活动及视频最终赢得了主流文化的认可，很多视频被电视机构引用、传播。

2010 年 1 月 1 日，腾讯网推出了“中国人的一天”栏目，第一期的导语写道：“中国网民们在腾讯图片得到了这样一个平台：他们可以自由展示自己的喜怒哀乐和生活细节，找到共鸣，并收获赞许。”腾讯要求网友拍摄自己或者别人一天的生活，被拍对象可以是各行各业的人物，然后将照片和文字上传到腾讯社区的“原创力量”版块上，经过网编筛选，每天安排一个“封面人物”。从进展到现在的 600 多期看，入选“封面人物”的大部分都是社会底层人物。例如，2011 年 7 月 23 日的封面人物是“制衣厂女工”，作者是她的男朋友，网名为爱上制衣女孩。这个帖子用几十幅图片详细记录了制衣厂女工一天的辛勤工作，同时也表示了对两人未来生活的希望。帖子原本是7月12日在“原创力量”上发出的，经过十多天登上了栏目的首页，而点击量也超过了100万。比对在“原创力量”上的大量投稿和实际登载在“中国人的一天”栏目首页的内容，可以发现，腾讯在其中做了一个编辑的工作，很多没有太多积极意义的人物无法登上首页，而上了首页的人物虽然辛苦、贫困或者挣扎在社会底层，但是不失动力和梦想。

五、拍客与大众图像消费

今天的拍客是科技进步的产物，也是社会发展的产物。我们生活的时代是一个大众文化的时代，除了传统的商业性、模式化、娱乐化等特性外，大众文化中图像消费的倾向日趋明显，潮水般的视觉传播符号弥漫在我们生活的社会空间。

受众的图像消费占据了大众文化消费的重要一极。拍客一开始作为一种小众化的文化形态，并没有引起公众的太多注意，随着其影响力的增加，拍客的影像已经进入了公众图像消费的范围。受众的图像消费必定带有大众文化产品消费的种种共性，从而也间接地影响了作为亚文化群体的拍客。

虚拟性、体验性

无论是观看还是亲身参与，图像消费给人的都是一种虚拟的体验。以电影为例，有一百多年历史的电影是我们最熟悉的图像消费方式：宽大的银幕、漆黑的环境、逼真的图像都给受众一种独特的体验，仿佛观者也参与到了影片当中；然而我们清楚地知道这种体验又是虚拟的，它只会存在那么一两个小时，一旦放映结束，灯光悉数打开，观者便又从影片中走了回来。纵然绝大多数拍客的影像不会放到电影院去播放，但是拍客可以模仿电影的拍摄手法，从而让自己当一回电影明星或是导演。让自己做一回拍客，把原来只能看，不能拍，更不能播的情况打破了。各种各样的人都可以拍，你可以是在校学生，也可以是打工青年；什么时候都可以拍，今天拍了明天还可以拍，拍了还要传到网上去，哪天没有上传还觉得心里不踏实。拍了，传了，等别人来看和评论，自己再去评论别人的评论，这样的感觉，好极了。

再举一例。近年来，拍摄婚纱照几乎是年轻人结婚的"规定动作"，往往一整套包括几十张乃至上百张照片。当我们看了多位亲友的婚纱照之后，不免会觉得照片上的人摆出的造型虽然楚楚动人、恩恩爱爱，但无论姿势还是动作大都千篇一律，化妆后的模样也都严重雷同。即使这样，为什么人们仍然希望在结婚前拍上一套这样的照片呢？图像消费的虚拟性和体验性给人们带来了乐趣和快感。拍摄的场景不属于你，租借的华丽服装也不属于你，甚至化妆后的人都不像你，对于这些，人们并不在乎，因为他们得到了一种梦境般的、幻化式的体验，而最后存在手头的一幅幅照片则成为了一个个回忆的线索，让人日后慢慢回味。虽然拍婚纱照不能算拍客行为，但是从中我们可以体会到，每个平常人都有成为主角的梦想，无论是掌握机器，还是面对镜头。

无独有偶，一些街头数码快照铺子甚至提供更简单的虚拟体验。想上《时代》杂志封面吗？想变成《泰坦尼克号》电影海报上的主角吗？选好这些背景，立即可以把你的肖像合成上去。今天的拍客也会这么做，他们抵制老套的造型与妆容，把自己打扮得特别出位，然后留下那一个瞬间，这种图像消费带来的满足感是外人很难体会到的。

同样，现在热衷于做拍客的青年人比比皆是，他们在现实世界里无法做到的事情、无法满足的愿望，在某种程度上能通过影像得到满足。对于涉世不深的年轻人来说，这样的诱惑太大了，他们会觉得电子技术创造出来的情境远比现实世界有意思，他们逐渐无法分辨出现实与虚拟，直至深陷其中。在视觉文化构建的社会情境里，人们的兴趣、爱好在绚丽的视觉景观中飘忽不定，消费活动助长了新的炫目的视觉文化的不断涌现，人们在追逐消费主导的视觉文化形式的过程中，对于文化的认同则可能出现紊乱。

窥视欲的善与恶

随着图像消费的兴起，人们的窥视欲也得到了前所未有的满足，图像把你带到你去不到的地方，图像把别人的精彩故事呈现在你面前，狗仔队不断提供偷拍到的关于明星绯闻、名人隐私的图片。我们在这里使用窥视欲这个词，并不完全出于贬义，弗洛伊德曾说，实现（聆听）愿望的动力，同实现窥视（观看）愿望的动力一样，是人类心神的一个基本组成部分。从文字上看，窥视欲有好的一面，它反映了人类的求新求异的好奇心和认知世界的欲求；窥淫癖或窥阴癖则是窥视欲这种心理状态较为极端或病态的一面。

如果把电影银幕比喻成亮着灯的窗户，处于黑暗处的观众则像是窥视者，他们从窗户中看到别人生活中的一切，从而得到快乐。为了尽可能详尽、真切地看到别人的情况，这个窗户越开越大，清晰度也越来越高。拍客的出现与流行，激发了大众的热情和潜能，将原来处于窥视者位置的大众，变成了影像的提供者。

早在 1985 年，美国传播学家梅罗维茨在其出版的《空间感的消失》一书中提出了“电子媒介促进情境合并”的观点。梅罗维茨认为，以电视为代表的电子媒体盛行带来的是公私情境的融合、后台隐匿行为的暴露、社会关系与原本的物质环境的分离，即在传统的戈夫曼的情境论中不会公开出现的东西也被电子媒介暴露了出来："如非正式的服装、淫秽、裸体、亲密状态的自我泄漏、情感，以及承认脆弱。"[1]梅罗维茨提及的这些，用最好的文笔来描写也未必有以几个镜头图像表示来得生动。近年来互联网上流行的拍客影像，无论是自拍的竹影青瞳、芙蓉姐姐，还是拍摄他人的炫富女、Kappa女，都明显带有这样的痕迹。

随着信息传输带宽的增加和技术的进步，网络内容从开始的以文字为主的电子邮件、新闻组，发展到网页上插有图片，再到后来有了视频直播、视频点播，图像的吸引力在于给了你一个文字、声音无法表达的具象。当代的图像消费正不断吊起受众的胃口进而再对其给予满足。受众看了血腥的画面后要看更血腥的，看了暴露的后要看更暴露的，这到底是受众的需要，还是传播者的某种意图？抑或是二者的共谋？

图像一方面不断满足受众，另一方面又激起了人们更加强烈，更加深层次的窥视欲，这种循环必定会一直持续下去，没有尽头。

重图像、轻文字

考察大量的拍客影像，你会发现，很多片子只有图像和现场声音，而没有解说词，实在不行就加上几行字幕。这不禁让我们想起早期的无声电影，那时的电影也是靠字幕来补充画面的。更关键的是，那时的电影也是不入流的，是草根的娱乐产品。

站在大众文化领域对视觉文化分析必须一分为二，正如法兰克福学派的本雅明谈论电影时所说的，虽然"艺术作品在机械

〔1〕 Joshua Meyrowitz. No Sense of Place. New York: Oxford University Press, 1985:139.

复制时代凋谢的东西就是它的韵味”，但是“这种可复制性在世界历史上第一次把艺术品从它对宗教礼仪的寄生中解放了出来”，“艺术品通过对其展示价值的绝对推重便成了一种具有全新功能的创造物”。[1] 对于这种新功能，我们可以理解为它是一种分享、普及和沟通，虽然拍客的影像粗粝，但是它代表了一种可能。

与专业摄影对真实的追求或者对格调的在意不同，拍客的图像常常焦点模糊、颜色失真、画面粗糙，但这又暗示着一种个人主义的暧昧色彩。

与专业摄影对真实的追求或者对格调的在意不同，拍客的图像常常焦点模糊、颜色失真、画面粗糙，但这又暗示着一种个人主义的暧昧色彩。对于大众来说，这是一个最好的时代，他们可以随时随地拍摄照片上传到网络上，实现一种聚变式的传播，而对于职业新闻摄影者来说，这可能是最差的时代，因为他们的照片往往会比读者晚半拍，数码技术为全民摄影扫清了障碍。批评家杨小彦于 2000 年写下《傻瓜机：对摄影的谋杀》一文，他站在精英的角度对大众文化表示担忧。今天我们再讨论这个问题的时候，话题已经变成了“手机：对摄影的谋杀”。不过，我们同样需要注意拍客影像的各种简单和肤浅之处，例如拍客往往只喜欢拍而忽略文字表达，因为图像是感性的而文字是有逻辑的，图像是机器生成的而文字是脑袋里流淌出的。

凝视与浏览

“看”是人类日常生活中最自然的、最常见的活动，然而，最常见的活动往往不一定是最简单的，当这一活动具有文化内涵后，它就是“有意味的形式”了。在汉语和英语中，与“视觉行为”一词有关的表达形式有数十种，意思各不相同，大体可以分为两

---

〔1〕 本雅明.机械复制时代的艺术作品.杭州：浙江文艺出版社，2005：105—107.

大类，一是仔细、认真的看，如凝视(gaze，stare)、端详(look…carefully)等；一是简单的看，如浏览(browse)、瞥一眼(glance)等。这些关于“看”的概念早在人类社会早期就已有了，到了文明社会，随着知识传播和接受活动的开始、媒介形式和技术的发展，产生了“看”的一些新概念。媒介的变革改变了人们看的方式，并由此产生了独特的价值意义，阅读、观看等概念出现，大大丰富了早期人类“看”的内涵并对他们的思维和行为产生根本的影响。“看”的不同类型既有阶段性的分期，又在同一历史时期同时并存。

书写和印刷媒介让人看的主要是语词和概念，它以认识性、象征性、理解性的内容诉诸人们的认知、想象和思考。在长期以来形成的阅读传统中，我们往往认为它是人的知识增长的最为正宗的渠道，是思想的重要来源。阅读需要凝视，观看一幅油画也需要凝视，然而视觉文化时代我们周围充满了形形色色的视觉符号：影视、广告、报刊、杂志、多媒体等，数不胜数。可看的景观如此繁多，同时它们传播的速度越发加快，人们开始关注眼球经济，以期尽可能地捕捉画面、掌握大量信息。正是在这种文化背景下，人们对影像欣赏的方式不复是之前的沉思、玩味、咀嚼，而是快速浏览、扫描，甚至只是点击。

在这一过程中，视觉符号传递的信息是单向的，由符号到观众，而且速度极快，观者一般无暇将其进行充分处理，只能捕捉到一些感性的、直观的印记。这种浮光掠影式的欣赏便成了视觉文化的一大特性，即对外观形态格外重视。正如有学者所言，当下社会目力所及之处均呈现出“外观美化”的趋向。[1]

因此，我们在网上浏览拍客影像的过程已经不同于看电影、看电视，纷繁复杂的影像让你目不暇接，网络的超链接特性又会

〔1〕 周宪.视觉文化的转向.学术研究，2004(2).

让你从一段视频跳到另一段。很多时候，当你搁下鼠标、键盘的时候，甚至想不起来刚刚看了哪些内容，是从哪里开始的。在互联网上，有时因为我们走得太远，而忘记了为什么要出发。

以往的影像传播大多是职业传播者的事儿，拍客改变了影像的生产和传播。这种接受者的文本生产带来了拍客内容的多样化。早期英国文化研究学派一直在努力的，就是将底层民众的文化合法化，顺着这个脉络看，中国当代拍客的文化实践也有其合理性。当然，我们需要把真正的草根拍客及其精神甄别出来。

拍客的“二次曝光”

“二次曝光”原来是指一种摄影技术，简而言之是指将两次光影叠印在一副胶片上，从而产生一种奇妙的效果。这里借用“二次曝光”这个名词，意在将拍客放在整个中国当代文化与社会变迁过程中来寻找其生成的脉络和轨迹。

一、文化是平常的

随着中国的社会转型，当代文化也发生了深刻的变化。今天的中国，精英文化、大众文化、亚文化呈现出同台竞技、三足鼎立的态势，任何一种文化都难以获得完全的支配地位，因此，承认三种文化的客观存在是我们探讨拍客现象的大前提。恰好是在中国进入这三种文化并存的局面之时，英国文化研究学派的理论适时地大规模地进入了中国。

今天的中国，精英文化、大众文化、亚文化呈现出同台竞技、三足鼎立的态势，任何一种文化都难以获得完全的支配地位，因此，承认三种文化的客观存在是我们探讨拍客现象的大前提。

文化研究学派肇始于 1964 年建立的伯明翰大学当代文化研究中心(CCCS)。文化研究学派的学者一方面不同意庸俗唯物主义的经济决定论，另一方面也不满于法兰克福学派站在精英主义立场来研究文化的方式，不满于利维斯主义那种试图通过对经典文学作品的阅读和批评来达到改造人性、使人达到高雅化目的的立场。文化研究关注与日常生活密切相连的大众文化，认为普通的工人阶级文化值得珍视。由此出发，女性、同性恋、土著民族、少数族裔、下层阶级的文化，也有特殊的意义和价值。

文化研究学派创始者之一威廉斯，在其名著《文化与社会》一书的开头，提出“文化”这个概念有四个层面的含义：(1) 心灵的普遍状态或者习惯，与人类追求完美的理念关系密切；(2) 整个社会里知识发展的普遍状态；(3) 各种艺术的普遍状态；(4) 一种物质、知识与精神构成的整个生活方式。威廉斯认为在当代最恰当的是最后一层含义，他指出，文化一词含义的发展，记录了人类对社会、经济以及政治生活中的历史变迁所引起的一系列重要而持续的反应，而这四个含义的演变——从原来意指心灵状态或习惯，或者意指知识与道德活动的群体，到现在变成整个生活方式——并非偶然，“文化”的含义以及这些含义之间的关系的演变，具有普遍的重要意义。

一旦我们将文化定义为一种生活方式，就意味着文化不再是少数人的专利，而是普通人都能享有的东西，这就与英国传统的精英主义文化观发生了激烈的冲突。精英主义文化观在当代集中体现为利维斯主义，在利维斯看来，英国旧式的农业文化有极大的价值，而现代的有组织的工业文化取代农业文化之后，使得传统的艺术和文学衰落了，商业化的通俗（甚至粗俗）文化横扫一切，成为文化的中心。对于利维斯主义，威廉斯曾经非常欣赏，但是最后在理论上采取了彻底批判的态度。威廉斯指出，利维斯主义所坚守的少数人的文化(minority culture)有两重含义：一是伟大的艺术家、思想家的作品，以及后人来延续这些前人的传统；二是这些伟大的作品被社会上某些少数人所接受和享用。威廉斯肯定伟大的作品的意义，但是坚决反对这些作品只能被少数人享用的观点，把文化的高低与不同阶级联系在一起是把文化简单化了。新旧文化形式都需要发展，过去高雅的文化形式可能在现在变成通俗的，而新的文化形式也会对既有的高雅文化有所贡献。同时，我们很难把绝对的高与低划分开来，我们既需要高雅的文化，也需要通俗的文化。真正的危险在于，伴随着资本主义商业浪潮出现的假文化形式，它们反艺术、反创造，没有真情实感，令人沮丧。

在《文化是平常的》一文中，威廉斯结合自己平民出身与乡村生活的经验指出：文化是平常的，这是第一个事实……社会是这样，每个人也如此。我们都要学习这些特定形式、目标和意义，这使得工作、观察、交流成为可能；同时我们每个人又要在经验中不断检验这些形式、目标和意义，形成新的观察、比较和意义……通过人类社会和人自身思想的形成过程，我们可以看到文化的本质，那就是传统和创新，那就是各种最平常的共同的意义和各种最精致的个人的意义。我们在两种意义上使用“文化”一词：从共同意义的角度看，文化是一种整个的生活方式；从“特殊的发现过程和创造性的劳动”这一角度看，文化是艺术和知识。[1]

威廉斯认为，只从一个角度看文化是不全面的，必须认识到这是互相联系的两个方面。由是观之，他并不否认精英式的文化对于整个人类的历史功绩，但是当普通民众也开始出现文化诉求的时候，社会应该给予承认和支持。文化的民主化、平民化是我们这个时代的趋势，只有把文化作为一种整个的生活方式，我们才能对当代的各种文化形式作出公允的判断。正如霍尔后来评价的：“它把论辩的全部基础从文学—道德的文化定义转变为一种人类学的文化意义，并把后者界定为一个‘完整的过程’。在这一过程中意义和惯例都是社会地建构和历史地变化的，文学和艺术仅只是一种，尽管是受到特殊重视的社会传播形式。”

如果威廉斯活到今天，他会怎样界定拍客这种文化现象呢？当我们这个社会从以文字传播为主转向以影像传播为主的时候，我们也身处一场“漫长的革命”之中，这场革命事实上是工业化、社会民主化运动和文化形式的更新相互作用的产物。在西方，这条现代化之路走了上百年，而在中国当代急速的现代化过程中，文化的嬗变所呈现出来的内涵，应该放到更大的背景下去解读。在这一场总体性的文化变革中，通过拍客可以看到变化的一角——争取公平、正义、民主的奋斗，社会经济的发展，人际

〔1〕 John Higgins. The Raymond Williams Reader. Oxford: Blackwell Publishers Ltd, 2001:11.

交流的延伸，社会和个人关系的变化——整个进程中的这些相互作用的部分，它们之间的关系复杂到难以想象。

桑塔格说，一张照片不只是一次事件与一名摄影者遭遇的结果：拍照本身就是一次事件，而且是一次拥有更霸道的权力的事件——干预、入侵或忽略正在发生的无论什么事情。她还举例说，20 世纪 30 年代美国农场安全管理局摄影计划的众多才华横溢的成员，在拍摄任何一个佃农的正面照片时，往往要一拍就是数十张，直到满意为止，也即捕捉到最合适的镜头——抓住他们的拍摄对象的准确的脸部表情，所谓准确就是符合他们自己对贫困、光感、尊严、质感、剥削和结构的观念。在决定一张照片的外观时，在取某一底片而舍另一底片时，摄影师总会把标准强加在他们的拍摄对象身上。

以往，一个时代的文学家、艺术家总是这个时代社会与民众的代言人，在互联网时代，这个规则已经遇到了挑战。如果文艺家们的创作缺乏直面生活的勇气，无法从庸俗的伪现实迷雾中走出来，不能敏锐地捕捉时代风云，忽视当下社会转型的历史变迁，那么网民将自己完成自己的叙述。

以往，一个时代的文学家、艺术家总是这个时代社会与民众的代言人，在互联网时代，这个规则已经遇到了挑战。如果文艺家们的创作缺乏直面生活的勇气，无法从庸俗的伪现实迷雾中走出来，不能敏锐地捕捉时代风云，忽视当下社会转型的历史变迁，那么网民将自己完成自己的叙述。

我们常见的那些被奉为经典的照片和被看做是美学原则的那些东西，在拍客时代遭遇了强烈的挑战：当主流媒体在发布外国领导人访华照片时，网上出现的可能是关于领导人车队的街拍照片；当摄影教程还在说应当如何布置光源的时候，网上的照片早已经铺天盖地了；当专业摄影者还在寻觅“有决定意义的瞬间”的时候，拍客已经用一系列照片解决了问题。

二、接受者的文本生产

顺着威廉斯的脉络，我们以拍客为例，探讨什么是网络时代独特的传播。如果说在前互联网时代能够进行大规模传播的都是传媒机构的话，那么，在互联网时代，个人已经可以凭借一己之力实现大规模传播的梦想。而拍客出现之后，大规模个人影像传播的热潮也已到来。与以往影像生产机构不同，拍客是一种接收者的文本生产。

而拍客出现之后，大规模个人影像传播的热潮也已到来。与以往影像生产机构不同，拍客是一种接收者的文本生产。

从接受美学的角度说，任何接收者都会生产出自己的文本，但这都是基于对传播内容的一种解读。拍客不同，虽然他不得不面对各种影像生产机构，但是他可以调用自己的知识、技术和能力来完成一段个人影像。这是与电影工业、电视产业完全不同的一种影像生产方式。

主流媒体和主流文化常常诟病拍客内容的低俗，然而如果换个角度思考，大量低俗的拍客内容到底是拍客出于自己的意愿制作的，还是在其他的力量左右之下的一个结果呢？从所有制上看，现代传媒并不是大众所有，传媒生产出什么样的媒介产品主要取决于媒介控制者的态度，并不能把传播内容的低级归罪于大众。传播的本质在于维护(maintain)人类社会，而在现代社会，其本质却变成了生产媒介产品。网上的暴力、色情等内容的泛滥不应该简单地记账在拍客的头上，因为在一个劣币逐良币的传媒时代，商业化的媒体无法逃脱这个宿命，而一定程度上依托于商业性网络媒体的拍客自然也会被波及。

主流媒体和主流文化常常诟病拍客内容的低俗，然而如果换个角度思考，大量低俗的拍客内容到底是拍客出于自己的意愿制作的，还是在其他的力量左右之下的一个结果呢？

因此，有很多拍客远离了商业性网站，自己搭建了网上的圈子。在苏州，有个“吴门影苑”摄影网。这个最初由几个苏州业余摄影人组成的圈子，在短短几年时间内迅速崛起，聚集着数量庞大的拍客群体。2011 年，该网站的会员已近 1.3 万人，正常在线人数达到 7000，日发帖量近千。“吴门影苑”每周都组织网友进行人像拍摄、街拍等现场活动。早上 6 点多，数十名男女老少，背着大包小包，“长枪短炮”，齐聚某一条老街。生煤炉的老人、跳绳的小女孩、岸边洗衣的妇女、路边卖菜的阿姨、忙碌的早餐点、门前的一盆花……这些都是他们镜头下的“猎物”，这样的扫街活动，经常出现在苏州街头。

不愿做大众的拍客

大众传媒是现代社会最主要的文化形式之一，传统的传播过程中，大众总是统计学意义上的一种存在，报纸的发行量、电视的收视率，大众的爱好和习惯往往被作者和传播者所定义和分类。而这些大众真正需要的是什么，媒体并不一定十分清楚。

对大众(mass)一词的解构是威廉斯有关大众传播论述的逻辑起点。他考察了 mass 和 masses 两个词形在历史上的运用后指出，我们在现代社会往往把大众一词同乌合之众(mob)等同起来，这其中有莫大的偏见。工业革命以来人口不断往工业城镇集中，城市化进程加速，工人集中于工厂，形成了新的生产关系，也形成了新的阶级。在这样的背景下，“那一群人”就被统治者指认为“大众”——大众是这样的一群人：容易受骗、反复无常、狭隘偏见、低级趣味。[1] 而这样的指认一旦成立，就可以方便地对大众进行政治剥削和文化剥削。统治阶级因此正好提出，大众民主不可靠，因为那将是乌合之众的统治；大众文化太低级，应该加以排斥。最后，威廉斯对大众的概念进行了解构：实际上没有大众，有的只是把人看成大众的那种看法，把真正的大众(popular)文化纳入虚假的商业的大众(mass)文化之中，才是问题的所在。

我们不应该把传播媒介本身与这些媒介在一个特定社会中的用途混淆起来，媒介是中性的，关键在于如何去使用。在现代社会，正是基于对大众群氓般的认识，我们才对大众传播媒介有了不当使用：我们传播的目的应该是传播教育、艺术，传递信息或见解，其前提是有理性的人和感兴趣的人；但现实是，传播被

---

〔1〕 威廉斯.文化与社会.吴松江，等，译.北京：北京大学出版社，1991：376.

视为操纵、说服大量的人以某种方式去行动、感觉、思考、了解，其前提正是那种群氓的观念。

拍客对于大众一词是抵制的，其一，拍客拍的东西不一定是大众的，有的只在小范围内传播；其二，部分得以大规模传播的拍客内容，其吸引人之处在于出位。无论怎样，拍客不愿意轻易被操纵，他们利用各种网络的空间和空子实现自己的表达。目前，网上很多论坛以团体或共同的身份把人们吸引到一起，利用各种影像实现交流，这能否给我们这个时代的传播带来新的可能性呢？如果拍客以某种自洽谈共同体的形式出现在各种网络载体上，他们的旨趣会不会逐步提高呢？

目前，网上很多论坛以团体或共同的身份把人们吸引到一起，利用各种影像实现交流，这能否给我们这个时代的传播带来新的可能性呢？如果拍客以某种自洽淡共同体的形式出现在各种网络载体上，他们的旨趣会不会逐步提高呢？

一种真正的传播

西方的互联网更多地是一个提供娱乐和沟通的平台，而中国的互联网更多地是一个信息交流的平台，很多在传统媒体上无法实现的功能在网上实现了。如果说传播不应该是试图支配，而应该是试图获得共识，那么，大众传媒在其运作中，应当树立共同体的观念。“传播变成一门渗透大众心灵、在大众的心灵中留下深刻影响的科学……任何真正的传播理论都是一种共同体理论。”[1]在《传播》一书中，威廉斯指出，从传统政治学的角度看：社会是权力与统治；从传统经济学的角度看，社会是财产、生产和贸易。然而，人与社会的关系还可以从传播的角度看：社会是传播的形式——通过传播，我们的经验被描述、被分享、被修正、被保存。在描述、学习、说服别人采用、交换这些经验的过程——也就是传播——中形成的人与人、人与社会的关系，同样是重要的。面对愈加商业化的大众传媒，拍客等个人化的传播方式如果能抵御商业化和意识形态的收编，能让更多社会群体

面对愈加商业化的大众传媒，拍客等个人化的传播方式如果能抵御商业化和意识形态的收编，能让更多社会群体参与到当代中国的共同经验的建设中，那么就能促进当代的文化转型。

〔1〕 威廉斯.文化与社会.吴松江，等，译.北京：北京大学出版社，1991：392.

参与到当代中国的共同经验的建设中，那么就能促进当代的文化转型。

在《传播》一书中威廉斯提出，文化在社会中的存在和发展，离不开人和制度，从人的角度看，社会中要有四种角色：有创造力的艺术家、表演者、报道者、评论者，这四种人各司其职才能够使得文化在社会中顺利地传播。其实，今天的大众传媒不正是同时扮演了这四种角色吗？那么，为什么还会有各种文化问题呢？在威廉斯看来，那是我们的传播制度的问题。威廉斯把传播制度分成四种：集权主义的（authoritarian）、父权制的（paternal）、商业的（commercial）、民主的（democratic）。不知道威廉斯是否看过施拉姆 1956 年出版的《报刊的四种理论》，威廉斯的提法和施拉姆的非常相似，最大的区别在于，施拉姆提出的第四个"社会责任论"是二战后西方社会逐步实行的传播制度理念，而威廉斯认为他提出的"民主的传播制度"是一种理想状态，是迄今为止还没有实现的。[1]

从这个意义上讲，纯粹的拍客恰恰提供的是一种创意文化的内容，为民主的传播方式提供了一种可能，因为我们不能把传播看成是一种单纯的赚钱的活动，虽然在今天的人类社会绝大多数的传播是可以营利的。其实，我们可以把拍客和全球流行的开放源代码、业余爱好者演出、自助文化（do it yourself）等活动放在一起，这是网络时代的票友和玩票，虽然在出现之初拍客及其内容还很稚嫩和粗鄙，但是它区别于我们司空见惯的传播方式，将传统的受众变成传播者，其意义是深远的。

麦克卢汉也曾说过："广播的潜意识深处，充满了部落号角和古老鼓乐的共鸣回荡……这个媒介有力量把心灵和社会转换

〔1〕 Raymond Williams. Communications. Berkshire：Cox & Wyman Ltd，1976：123—134.

成一个共鸣箱。"[1]如果说现实社会中一个城市只能拥有一座或几座广播台、电视台的话，拍客完全可以成为网络上个人的广播电视，如果拍客能更加有力地介入社会问题的探讨，它完全可以成为互联网时代个人传播的方式。

三、 群体、阶层与性别

进入20世纪70年代之后，文化研究开始关注工人阶级青年亚文化，那些身着奇装异服招摇过市的青少年，以一种离经叛道的生活方式与行为方式(如剃光头、开飞车、喜欢嬉皮士风格、玩朋克音乐等)引起了学者们的注意:他们为什么会这样？为什么会在这个时候出现？对20世纪60到70年代的西方青年亚文化的解读需要结合当时的社会历史情况，当时欧洲发达国家遭遇了二战后的严重的经济危机，然而经济力量作用于青年人群体的方式却很奇怪:一大批青年人放弃了对正统求学就业之路的追求，进而将自己投入到了上述亚文化的生活方式之中，以此对代表中产阶级价值观念的主流文化进行一种象征形式的反抗。

这样的反抗在今天依然存在，据报道，英国首都伦敦北部2011年8月6日晚发生骚乱，后蔓延至利物浦、伯明翰、曼彻斯特等其他英格兰大城市。报道英国骚乱的电视画面上，蒙面的卫衣党在与警方周旋和推倒一辆停在路边的面包车的间隙，往往不忘从松垮垮的牛仔裤后袋里掏出手机，发个短信，或者往twitter上传一张照片——他们绝大多数是还未满24岁的年轻人，连接着互联网的手机是他们生活的必需品，每天在社交网站

〔1〕 埃里克·麦克卢汉，弗兰克·秦格龙，编.麦克卢汉精粹.何道宽，译.南京:南京大学出版社，2000:438.

上消耗的时间远多过陪伴家人的时间。英国全国人口 6100 万，却拥有超过 6200 万台手机和超过 3000 万的 facebook 注册用户。这表明，手机和社交网站的使用在英国年轻人中的普及率非常之高。很多英国报章在分析此次骚乱发生和升级的原因时，都认为这些年轻人驾轻就熟的玩意儿是这次骚乱的主要“帮凶”。[1]

当年的光头党变成了今天的推特党，青年人利用极端手段寻求发泄的目的没有变化。拍照的背后依然有着其政治经济的逻辑：这些人大多属于难以融入主流文化、处于社会边缘地位的人群，骚乱、拍照是他们面对绝望的一种反抗。

拍照的背后依然有着其政治经济的逻辑：这些人大多属于难以融入主流文化、处于社会边缘地位的人群，骚乱、拍照是他们面对绝望的一种反抗。

马克思在《〈政治经济学批判〉序言》中说，人们在自己生活的社会生产中发生一定的、必然的、不以他们的意志为转移的关系，即同他们的物质生产力的一定发展阶段相适合的生产关系。这些生产关系的总和构成社会的经济结构，即有法律的和政治的上层建筑竖立其上并有一定的社会意识形式与之相适应的现实基础。物质生活的生产方式制约着整个社会生活、政治生活和精神生活的过程。不是人们的意识决定人们的存在，相反，是人们的社会存在决定人们的意识……随着经济基础的变更，全部庞大的上层建筑也或慢或快地发生变革。在考察这些变革时，必须时刻把下面两者区别开来：一种是生产的经济条件方面发生的物质的、可以用自然科学的精确性指明的变革，一种是人们借以意识到这个冲突并力求把它克服的那些法律的、政治的、宗教的、美学的或哲学的，简言之，意识形态的形式。

文化在马克思的论述里显然属于意识形态的形式，在经济基础/上层建筑，社会存在/社会意识的问题上，一方面要坚持

〔1〕 参见 http://news.ifeng.com/world/special/lundunsaoluan/content-1/detail_2011_08/12/8366427_0.shtml.

经济基础对上层建筑的决定作用,另一方面又要注意到这种决定的复杂性。中国当代的拍客亚文化绝不是与当代中国的政治经济变化简单的一一对应的关系,这既是一个社会的、历史的产物,同时又是一个域外的输入性的产物。

在中国,在以往计划经济的格局下,文化产品的生产、消费和流通都纳入到了国家统一的计划之中,国家生产什么,社会大众就消费什么。彼时的文化生产并不是根据市场和消费者的需要,而主要是根据政治任务来安排的,因此,我国文化产品长期带有强烈的意识形态烙印。而进入市场经济之后,文化产品很快由市场来提供,随着劣币逐良币效应的出现,大量商业味浓重的文化产品进入市场,用另一种强力左右了消费者的需要。

80 后、90 后的年轻人,尤其是城市中长大的年轻人,有着和他们父辈截然不同的生活环境。他们成长的年代恰好是整个国家最安宁和稳定的时期,从小无忧无虑的他们在学校里接受着四平八稳的正统教育,他们的生活没有太大的挫折甚至是没有波澜,网络给了他们一个反叛的场所,一个表达的舞台。这些人大多数是独生子女,没有兄弟姐妹,在网络上的交流使他们获得了一种替代性的大家庭式的参与。这批人不排斥新技术,喜欢数码产品,然而传统媒体的平台并不对他们大量开放,这天然地造成了一种不平衡。要解决这个问题,方法之一就是自己拿起相机,进入网络。不同偏向的拍客在网上有各种各样的圈子,网络容易造成群体的形成,因为当观点相近的人以匿名的身份在网络上相遇,往往通过频繁的沟通达成一致的观点,而原来没有既定想法的人,也会因为听不到不同的声音从而走向某种认同。

在网络中,拍客形成自己的群体一般有两种方式,一是自发组成,一是网站牵头组成。拍客群体的自发性源于个人爱好以及拍客影像对个人的某种满足。在共同的兴趣下,拍客在网上组成了 QQ 群、拍客联盟、BBS 板块等组织,在这些组织中拍客有强烈的群体认同，往往经常在这些平台上交换拍摄作品、拍摄心得和拍摄信息。由网站牵头的拍客组织在具体的形式上和自发的拍客组织类似，只是在这些组织中，网站成为了实际的组织者，网站往往要为拍客创造各种拍摄机会和传播途径，当然也就容易左右拍客的内容。

拍客解决了拍摄者普及的问题，却依然没有解决被摄对象的问题。拍客们很少知道他们究竟拍了什么和为什么要拍这个。

拍客解决了拍摄者普及的问题，却依然没有解决被摄对象的问题。拍客们很少知道他们究竟拍了什么和为什么要拍这个。如前所述，拍客无非是拍自己和拍他人，当把自己作为拍摄对象的时候，这可以被解读成是一种对肖像照中规中矩形式的抵抗；然而当拍客将镜头对准他人的时候，他很少意识到，这样的拍可能带来影像上的剥削。2010 年初，一个被网民称作“犀利哥”的流浪者在网络上走红，其乞讨的照片网民觉得特别酷。然而就在他的照片和视频走红网络的时候，犀利哥自己却对网上的热议一无所知。在众多拍客和网友的追逐下，他惊恐万分，甚至仰天长啸，拒绝各种救助。面对这样的情况，我们要问：拍客究竟是加剧还是缩小了社会、社群之间的不平等？拍客是否要正视自己的拍摄对象和拍摄行为？

类似地，在网上曾热传过这样一个帖子：“拿相机的人，请你自重！”，这个帖子历数了多个摄影爱好者在拍摄时对被摄者的侵犯，摄影者为了获得理想的照片，不顾边远地区的人们同意与否，将几块钱硬塞到他们手中，然后就“长枪短炮”地拍起来。他们不征求被摄者的同意，因而“摄友越来越多地侵犯了当地人的生活，毫无人性地侵犯，毫不内疚地侵犯”。

拍摄者的侵犯行为还体现在性别方面。任意打开一个视频网站，大量关于女性身体的影像充斥其中。虽然网络管理者有各种禁令和规定，但是各种明显带有暴露性的影像仍然被大量上传。当浮躁和焦虑成为这个社会的表征的时候，越来越多的网民不再满足于高雅的文化消费，而是热衷于消遣娱乐和感官刺激。这样的需求与草根拍客一拍即合,因为拍客也往往无法拍到特别深刻的内容,而他们又需要吸引别人注意,于是身体特别是女性的身体成为了拍客影像的重要内容。传统媒体中的传播者受到各种各样的限制,他们至多在这个问题上打些擦边球,拍客是不受束缚的,同时相关网站也乐于看到拍客提供这样的材料。

当拍客的内容游走于色情和情色之间的时候,这其实是对自己和观看者的本能的一种刺激。如前面章节所述,在拍摄这些内容的时候,拍客本身也是血脉贲张的,这样一种拍摄的快感给拍客提供了别样的体验。“摄影是对于视觉无意识的解放……影像空间的身体意象是对于某种欲望的隐秘呼应。这时人们才意识到,人们的视线始终渴望遭遇身体。摄像机力图切割出理想的视觉景框。摄像机将焦点集聚到人的身体之上,并且提供了种种观看身体的特殊方位、角度和距离——这些方位、角度和距离时常遭到现实的否决,或者由于过分熟悉因而视若无睹。这样,影像恢复了身体的核心位置,解除了视觉禁忌。现实之中潜在的视觉压抑揭去了,直视影像之中的身体——不少时候甚至是身体的隐私——不再遭受礼仪的非议。”[1]而在这个过程中,拍客不会意识到,他已经完成了对被拍摄者身体的影像剥削。

四、情感、快感与游戏

拍客是一种游戏

英国哲学家赫伯特·斯宾塞(Herbert Spenser)说,人类在完成了维持和延续生命的主要使命之后,尚有剩余的精力存在,这种剩余精力的释放,主要是通过娱乐。我们每个人对幼年的

〔1〕 南帆.身体的叙事.天涯,2000(6).

记忆,很多是与游戏和玩耍联系在一起的,而人类从诞生之日起,各种娱乐形式也一直伴随着其成长。从坐滑梯到坐翻滚式过山车,人们对娱乐的需求始终不曾停止过。人类学学者认为,从原始巫术、原始宗教到神话产生和发展的过程,就是一个从通神、娱神再到娱人的过程,在这个过程中,原始的娱乐形式(包括游戏和艺术)出现了。

各种娱乐方式都需要借助媒介进行传播。例如,神话通过语言口耳相传,舞蹈通过舞者身体进行即时传播,艺术品借助于各种材料进行表达。这些媒介并不能进行大规模的传播,因而娱乐的社会化和参与程度很低。大众传播媒介出现后,人类娱乐的形式和内容都有了明显的发展,报纸上的通俗小说,广播中的流行音乐,电视中的真人秀,都为人类提供了新的娱乐手段。到了网络时代,大众的娱乐呈现出一种爆炸性的狂欢态势。

从这个角度看,我们可以把拍客的流行看成是网民的一场集体狂欢。在拍客行为中,一个人拍的影像可以得到若干人的围观、评论,拍摄制作者得到了深深的满足,观看者也分享了某种特殊的影像体验。荷兰文化学者胡伊青加认为,人类社会生活的多种重要形式都与游戏紧密相关:“仪式产生于神圣的游戏,诗歌诞生于游戏并繁荣于游戏,音乐和舞蹈则是纯粹的游戏……战争的规则、高尚的生活习惯,都是在各种游戏中被建立起来的。”[1]席勒说:“只有当人在充分意义上是人的时候,他才游戏;只有当人游戏时,他才是完整的人。”[2]从这样的角度说,拍客不仅可以让人身心愉悦,更是人获得信息和知识的途径,这也是拍客生存和发展的理论依据。

历史上不同民族、不同国家都存在着不同形式的狂欢活动,

〔1〕 胡伊青加.人:游戏者.成穷,译.贵阳:贵州人民出版社,1998:222.
〔2〕 席勒.美育书简.北京:中国文联出版社,1984:90.

它们通过社会成员的群体聚会和传统表演场面体现出来，洋溢着心灵的快乐和生命的情绪。如果我们将拍客视为一种有主题的群体聚会，那么这场景观式的仪式实质上是人们寻求快乐和情感的自我实践。拍客追求的是一种无拘无束的快乐原则。拍客在整个过程中通过视觉展现自我，愉悦身心，同时也感染他人。我们可以将拍客视为一种找乐子的文化，它所体现的是网络时代大众狂欢的心理。弗洛伊德曾指出，狂欢状态是人出于最高形式的自我肯定需要的产物。如此看来，狂欢是每一个人的心理情结，来自拍客的狂欢一般不是声嘶力竭的欢呼，而是精神释放的极度感性化。约翰·费斯克指出，大众的快乐可以看做是双重的，一种是符号保障的快乐，一种是解放的快乐。

拍客追求的是一种无拘无束的快乐原则。拍客在整个过程中通过视觉展现自我，愉悦身心，同时也感染他人。我们可以将拍客视为一种找乐子的文化，它所体现的是网络时代大众狂欢的心理。

同样是影像，拍客的内容与风格大大区别于传统的媒体工作者，这一方面取决于拍客的技术和能力，更关键的因素在于二者的目的不同——拍客的目的在于“游戏”，而后者的目的在于“工作”。因此，传统媒体在传播内容上有选择，拍客也对其内容进行选择，而且区别的标准就在于和别人不同。在狂欢的心态下，在找不同、求解放的目的中，拍客的内容呈现出各种另类的色彩。我们看到网络上流传的各种拍客内容，往往都带有“天下最美”“史上最雷人”“最变态”等形容词，就是这个原因。

快感置换了美感

我们不否认拍客对于这个时代的意义，然而在探讨这一现象的时候，必须要意识到，今天的拍客在素养上还有很大的提升空间，“游戏”的水平还有待提高。另外，拍客及其内容很容易受到商业力量的收编，商业化的大众文化会修剪拍客的棱角，让其往某些既定的方向去发展。大众文化与通俗文化、精英文化不同，大众文化以大众传播为主要手段，有着很强的商业动机，以大众喜闻乐见的文化样式为载体。一方面，对于普通大众，这样的文化形式聊胜于无;另一方面,大众文化消解历史,削平深度,有着低俗化、标准化、伪情感等种种弊端。与之相关的另一个问题,就是拍客用快感置换了美感。

快感(pleasure)在字面上的意思就是愉快、快乐的感觉,主要指一种感官上的快适和生理上的舒畅感受。古希腊人认为快感与掌管爱和美的女神阿佛洛狄特有关,而关于快感和美感的讨论一直是人类审美的核心问题之一,传统哲学认为美感是高雅的而快感是粗俗的。柏拉图曾举过这样的例子:颜色、图形、声音可以给我们提供美感,而搔痒带来的是快感。[1] 康德更说了这样的话:个体在选择与美女的性关系和绞架的威胁之间,总是放弃前者,这就表明了理性对快感的胜利。[2]

19 世纪末以来,快感的解放力量不断受到理论家的重视,它与理性之间的关系不断地得到重新解释。尼采把酒神节日里的癫狂的性放纵和肉欲的狂喜体验当做艺术能带来的最高强度的快感;赫金认为民间文化及其最集中的体现——狂欢节,通过对尽是插科打诨、嬉笑和打闹以及尽是情感的宣泄和放纵、不着实际的轻浮和浪漫的第二种生活的塑造,使快感得以释放,使物质——肉体因素得到解放;拉康颠倒了柏拉图"绞架"的例子,认为现代人的快感来自于欲望的满足,"被禁止的父亲菲勒斯和法律本身才是快感之源"[3]。从被压制的快感到被释放的快感,人类的媒体发展也走到了网络时代。在这个时代,快感不仅被进一步释放,甚至得到了纵容。

拍客如何获得快感?作为影像文本的生产者,拍客本身就是对自己身体或者是外在世界的某种冒犯,对意义和拥有创造

拍客如何获得快感?作为影像文本的生产者,拍客本身就是对自己身体或者是外在世界的某种冒犯,对意义和拥有创造意义权利的社会群体发起挑战,是确立亚文化身份和维系社会差异的重要部分。

〔1〕 柏拉图. 柏拉图全集. 王晓朝,译. 北京:人民出版社,2003:239.
〔2〕 转引自汪民安,主编. 文化研究关键词. 南京:江苏人民出版社,2007:171.
〔3〕 转引自汪民安,主编. 文化研究关键词. 南京:江苏人民出版社,2007:171.

意义权利的社会群体发起挑战，是确立亚文化身份和维系社会差异的重要部分。拍客作为无法规训的生产者式文本，摆脱各种束缚恰好给他们带来了强烈的快感。尽管可能会有来自各方的压力，但是拍客已经足够从现存的文化裂隙中创造出自己的文本。

观看者如何获得快感？对于那些偏向小众化的影像，观看者的快感来自于认同和介入，例如一个喜欢杀马特的青年自然会对其他杀马特的视频产生认同，这是根据个人的社会心理特点控制自己与文本之间关系的过程，即个人根据对自己的掌握，去完成对影像中人物或事件的理解，产生情感的、角色的、身份的、文化的认同。对于那些大众化的视频，不同的观看者则可以根据自己对文本的解读产生快感，这种快感可能来自于解读过程中产生的认同，也可能是反对和颠覆。

偷窥与被观看

在今天的媒介环境中，拍客们不断挑战公众的心理和道德承受能力，譬如大量的裸体拍摄，还有网上不断披露的偷拍事件，这些情况该如何认识呢？

偷拍是一个有意思但又很难说清楚的话题。偷拍当然有心理因素在作怪，有些人心理有障碍，喜欢偷窥。从身体拍摄而言，这涉及图像符号本身的特点，关注身体更是一种欲望诉求，因为图像在表达情欲、性欲等方面显然胜过了文字，这或许是身体拍摄大量涌现的原因。美国电影理论家劳拉·穆尔维认为，偷窥欲望得到满足所产生的快乐与男权社会的要求十分协调。西方人体绘画里充斥着“男/观看/主动”与“女/被看/展示”的关系。绘画里的女性总是在奉献自己的女色和身体，等待着男性的凝视，男画家笔下的女性裸体其实相当程度上投射了男性对于女性的喜好与理想。在好莱坞相当多的电影中，女性形象一直是男性视觉快感的重要来源。遗憾的是,在今天的拍客视频中,女性依然难以摆脱被看的地位。

除了窥视身体,还有一块内容,那就是在公共场合的偷拍。一个人在公共场所的出位表现,一个人在与他人沟通时的眼神,诸如此类都会被偷拍,一些偷拍对当事人还造成了伤害。网上被恶搞了多年的"网络小胖"就是一个被偷拍的人物,此人在参加一次活动时被人无意拍摄下了古怪的表情,结果遭到大量的恶搞。另外,如果抛开肖像权等问题不论,将偷拍放在权力结构中加以考察,或许会有另外一种认识。我们生活在一个摄像头遍布的时代,无所不在的、公共的监视摄像是不是也算一种偷拍行为呢?网上有些极度私密的东西,恰恰是从公共摄像头流传出去的,当然这可能跟有关操作人员有关,但不能单单责怪他们,因为这些设施的设置,本身就没有考虑到被侵犯者的一方。所以,当一个私密镜头曝光后,人们讨论更多的是镜头内容,很少有人去追究是哪个机构将这些东西传播开来。

从这个意义上而言,人人手持一个相机,恰好是对无处不在的摄像头的一种抵抗。

从这个意义上而言,人人手持一个相机,恰好是对无处不在的摄像头的一种抵抗。经常在网上看到这样一种情形:公共权力在执法时要求相关人员录像,但在他们录像的同时,又有一群围观者在给他们录像。这就构成了一个很有意思的场景,这种图像的对峙,也是权力之间的抗衡,这种抗衡不是通过直接的肢体来进行,而是用拍的方式来进行。从与公共监视器的关系而言,拍客的出现有很大的意义,它改变了主流媒体一统天下的话语机制,使公众可以通过拍表达看法,参与到社会事务中。

正如有网友说的,"昨天我看到一辆公交车发生事故,当时就有一种冲动,用手机将事故拍下来。那时想,文字描述太繁琐"。所以随手拍意味着每个人都能真正介入和参与到社会生活中。在英语里,摄像还叫 shot。shot 有两层含义:摄像和攻击。这说明拍的行为具有一定的攻击性。普通人通过拍参与到社会中，表达对社会一些不合理成分的不满，就是一种抵抗行动。而在以往，普通人是很难有这样的表达机会的。这时，也许拍的对象本身并不重要，重要的是，通过这种行为，我们要表达一种愿望。这时记忆本身倒更重要，当我们看图时，我们会想起某些相关的事情。

影像暴力与拍客伦理

情感、快感与游戏都与人格中的本我发生联系。根据弗洛伊德的心理学，本我与自我、超我共同构成人格，是人格中最早出现，也是最原始的部分，是生物性冲动和欲望的贮存库。本我是按唯乐原则活动的，它不顾一切地要寻求满足和快感，这种快乐特别指性、生理和情感快乐。本我由各种生物本能的能量所构成，完全处于无意识水平中。

拍客因为自己生产影像，也很少受到专业组织的监督，比较容易从本我出发，去拍摄、传播一些有违伦理道德的影像。2008年6月，海南师范大学女生宿舍发生偷拍事件，偷拍者陈某将拍摄的照片上传到校园网上后，照片被广泛传播。拍客这种对别人私生活的任意曝光与传播，无疑极大地侵害了他人的个人隐私权，给被摄对象的正常生活带来了困扰。同年11月，上海商学院发生火灾，有拍客将火灾之后的人群反应和媒体的及时报道都拍了下来，但在最后却将死难学生的影像也公布了出来，这是一种对遇难者的不尊重，也是对遇难者家人更大的精神伤害和打击。作为一个拍客，应该将社会责任感融入自己的拍摄世界中。又如在汶川地震后，有拍客直接将受难者血淋淋的照片传播出来，一个个被砸得面目全非、残肢断臂的逝者惨不忍睹。这样的镜头和照片在带来视觉冲击的同时，也会给观看者带来心理上的不适。拍客在这些场合下，生产了一种影像暴力，血腥和恐怖的镜头培养的只会是某些人的嗜痂癖。

美国心理学家马斯洛把人的需要由低级到高级划分成生理的需要、安全的需要、社交的需要、尊重的需要和自我实现的需要。在拍客出现的初期，因为互联网的匿名性和网民基于本能的冲动，网上关于美女、搞怪的拍客影像比比皆是，这恰是拍客和网民心理的驱动。那么，当拍客逐渐成为全社会共同接受的一种文化形式以后，它能否向着实现人高级的个人需要去迈进呢？拍客在传播这些影像的同时，应该注意伦理问题，不能一味追求刺激和好看，而应该讲求人文关怀。人文关怀集中体现了对人的关心和尊重，它不仅着眼于生命关怀，而且着眼于人性、精神、情感和道德的关怀，把人的生存、人的作为、人的发展当做报道的价值取向。拍客不是单纯的记录者，而要对社会、对他人有一种责任感，关注更多人的生存状态，从而建立起自己群体的道德基石。

我们在之前的论述中援引威廉斯的论述，只是为分析拍客在这个社会的发展提供了一种理论上的可能，而且，威廉斯提出“文化是平常的”这一论断的目的在于赋予当时英国的工人阶级文化的合法性，使得工人阶级的文化生产得以反抗占主导地位的社会文化霸权。因此，我们并不能简单而轻率地将“文化是平常的”这句话迁移到中国拍客的分析上来。Web2.0时代技术的发展，使得草根民众以以往从未有过的规模介入到互联网的内容生产中来，无序的网络草根传播，在当下体现出民粹化倾向，主要表现有自由表达、自我放纵、无所顾忌、不拘形式、不受成规等。[1] 就拍客来说，我们在肯定拍客的意义和价值的同时，也要看到，拍客既实现了草根民众的表达，体现了他们的诉求，但是也有上述种种不理性、不道德、不冷静的情况。正如麦克盖根所说，无论在理论还是实践层面，民粹主义从来都具有积

我们并不能简单而轻率地将“文化是平常的”这句话迁移到中国拍客的分析上来。

〔1〕 陈龙.Web2.0时代“草根传播”的民粹主义倾向.国际新闻界，2009(8).

极和消极的两面性。民粹主义存在着与权威对峙抗争和妥协合谋的双重可能[1]。如果我们仅仅因拍客的数量巨大、拍客影像被网民热烈欢迎,而纵容某些拍客以类似或接近文化民粹主义的面目出现,那是对更多拍客的不负责任。

五、技术、城市、新纪录

技术的平民化

曼纽尔·卡斯特认为信息技术有五个特性:第一,信息便是原料。信息技术上处理信息的技术,不仅仅是处理技术的信息。第二,新技术效果无处不在。第三,网络化的逻辑统摄着新技术的系统或关系。第四,新技术范式以弹性为基础而有重新构造的能力,组成、过程、组织和制度都可解构和重构。第五,特定的技术逐渐聚合为高度整合的系统。[2]

拍摄图像较之文字写作,相对容易上手。技术进步与技术革命是直接推动文化结构变动的另一个重要因素。每一种技术的进步与每一轮技术革命,带来的都是文化生产、传播与内容的变化。在近 20 年左右的时间里,数码设备的发展与普及让人目不暇接,这让这一代的年轻人衍生出新的文化和生活方式。他们习惯以影像记录生活的每一段时刻,强化自己的存在感和自己拥有的生活经验,更会将相片及短片放上网络与别人分享。

有人说,在这个年代,拍摄电影的技术门槛几乎为零:一部有高清拍摄功能的数码相机、一台笔记本电脑、淘宝上买来的一只麦克风、用三轮车代替的专业滑轨,再加上各种傻瓜级的编辑

〔1〕 吉姆·麦克盖根. 文化民粹主义. 桂万先,译. 南京:南京大学出版社,2001:17.

〔2〕 曼纽尔·卡斯特. 网络社会的崛起. 夏铸九、王志弘,等,译. 北京:社会科学出版社,2001:83—85.

软件，花上点时间和精力就能拍出一部小电影。目前，国内外已经有不少采用数码相机拍摄的片子，如电影《宅男电台》、纪录片《阿富汗战争》等。

高清摄像功能出现在单反数码相机上已是将近三年前的事情。这三年间高清摄像功能已经从一项饱受质疑的鸡肋功能，变成了几乎每款单反数码相机新品的标准配置。事实上，很早之前，视频拍摄功能已经出现在普通数码相机之上。早在数码相机的像素值仅为300万的时候，各大厂商就为其增设了较低分辨率的短片拍摄功能。2006年，机身拥有液晶屏、可以实时取景的单反数码相机面世，当时就有摄影爱好者提出了使用单反拍摄视频的设想。2008年8月，首款具备高清视频拍摄功能的单反数码相机尼康D90发布了，这款中端APS-C画幅单反数码相机成为了那个秋季的明星，热销三年。就在D90发布后一个月，佳能发布了新的全画幅单反数码相机5D Mark II，这款被称为“无敌兔”的产品拥有拍摄分辨率高达1920×1080的全高清视频拍摄的功能。目前，购买一台较为专业的广播级专业数码摄像机需要的费用动辄数万甚至数十万，对于在器材方面资金不多的摄影工作室、独立制片人和摄影发烧友来说，用单反相机拍摄作品不仅能控制成本，而且创新的器材也成为其作品新的亮点。

图：单反相机应用在电影拍摄中

从低端的数码相机到高端的“无敌兔”，未来的专业和非专业，可能并不主要体现在技术层面上，而是体现在内容的创意和安排上。

城市的罪与罚

与传播科技的更迭息息相关的是社会转型的问题。马克思注重生产力及生产关系的变动，并以此说明人类社会由封建主义进入资本主义和社会主义的形态转变。马克思在论及精神生产与物质生产之间的关系时指出，“首先必须把这种物质生产本身不是当做一般范畴来考察，而是以一定的历史的形式来考察。例如，与资本主义生产方式相适应的精神生产，就和与中世纪生产方式相适应的精神生产不同。如果物质生产本身不从它的特殊的历史的形式来看，那就不可能理解与它相适应的精神生产的特征以及这两种生产的相互作用”[1]。

第二次大战后，丹尼尔·贝尔等社会学家开始关注社会的职业结构，从而把社会划分为农业社会、工业社会和后工业社会。再往后，信息社会、现代性社会、高现代性社会、前现代社会、后现代社会、网络社会等说法不断涌现。然而，所有这些理论的立足点都是城市而不是乡村。因为，在我们默认的观念里，城市代表的是先进，而乡村意味着落后。

城市化与城市文化的形成，为拍客的出现提供了持续的文化生态环境。正如历史上的电影、广播电视、唱片业等都起源于城市一样，拍客作为新媒体文化形式也起源于城市。在中国，伴随着信息化、现代化的是整个国家的城市化进程，城市化不仅促成了拍客本身，更提供了拍客拍摄的素材。丹尼尔·贝尔说：“当代生活中有两个突出的方面必须强调视觉成分。其一，现代世界是一个城市世界，大城市生活和限定刺激与社交能力的方式，为人们看见和想看见(不是谈到和听见)事物提供了大量优越的机会，其二，就是当代倾向的性质，它包括渴望行动(与观照

正如历史上的电影、广播电视、唱片业等都起源于城市一样，拍客作为新媒体文化形式也起源于城市。在中国，伴随着信息化、现代化的是整个国家的城市化进程，城市化不仅促成了拍客本身，更提供了拍客拍摄的素材。

〔1〕 马克思，恩格斯．马克思恩格斯全集(第 26 卷第一册)．中共中央编译局，编．北京：人民出版社，1972：296.

相反）、追求新奇、贪图轰动。而最能满足这些迫切欲望的莫过于艺术中的视觉成分了。”[1]在城市环境中，你可以拿着相机去拍摄一个陌生人，这样的场景本身就是在乡村看不到的，因为陌生，你可以实现对他人的影像式占有，这种占有在传统乡村的熟人社会中是无法实现的。

城市中你我他互相的陌生感，使得我们对生活的这个城市感到好奇。好奇驱使我们去了解，在城市市民阶层产生后，这样的了解就演变成了对公共问题的讨论。网络时代的市民也将对网络文化产生自己的话语权，互联网传播是否可以颠覆传统的传播方式与权力秩序？它带给我们一个什么样的传播生态？拍客中还有一批对真实、真相、真理有着持续追逐动力的人，他们孜孜不倦地通过影像来推动一种视觉上的民主。我们相信，互联网拍客更具震撼力的事件还会发生。多样化的网络工具，将以大能量的新媒体事件制造者的姿态冲击主流，从而开辟社会话语新战线与新沟通形态，辐射整个社会。

相反，一个在农村的普通农民，是无暇顾及照相机和摄像机的，这里并不是歧视农村和农民，而是直视了这样的现实。在中国现在的城乡二元格局下，城市青年是拍客的主体，城市元素也是拍客的主要内容，即使有农村题材的拍客内容，也大多是以城市作为参照和背景的，例如大家都看过的“天仙妹妹”，但是否有人意识到这其实是对城市文明的一种反思？我们都追捧旭日阳刚的原生态歌声，但如果仔细分析网上流传的视频，你是否发现，这两个农村歌手，必须要经过“赤裸着的农民工进入城市”这个考验才能进入城市拍客的视野？我们在观看相关视频的时候带着的到底是同情、猎奇还是观望的心情？

我们都追捧旭日阳刚的原生态歌声，但如果仔细分析网上流传的视频，你是否发现，这两个农村歌手，必须要经过“赤裸着的农民工进入城市”这个考验才能进入城市拍客的视野？我们在观看相关视频的时候带着的到底是同情、猎奇还是观望的心情？

---

〔1〕 丹尼尔·贝尔．资本主义文化矛盾．赵一凡，等，译．北京：三联书店 1989：154.

卡斯特在他经典的“信息时代三部曲”中指出，流动性是我们当前社会生活的主导特征，资本、信息、技术都以各种形式在全球范围内流动；而组织互动的流动，以及形象、声音和符号的流动，也充斥着我们周遭的生活环境。之所以什么都需要流动，根本原因在于资本是流动的，城市是这些流动性聚集的地方，也是资本聚集的地方。卡斯特的观点可以解释为什么拍客更多地出现在城市中，为什么拍客的话题也多和城市有关，这也提醒我们，今天所有的视频分享网站的背后，都有资本的推动。我们拍摄的影像一方面是自娱自乐的方式，另一方面，也是网站赢得点击量的来源。因此，网站在内容上有种种偏向也就不难理解了。

“新纪录”的新可能

新媒体彻底改变我们了解和思考世界的方式。互联网不受媒介载体的限制，也就没有时空限制，所以当你发布一个视频之后，你的内容会和其他的相关内容被整合到一起，同时各种评论和反馈又在无限增加。由于互联网强调即时分享和互动，所以人人都可以主动在网络上作出贡献，由此便形成无数的影像来源。

在互联网的世界，发布资讯的成本极低，任何人只要愿意付出时间，便可以表达所见、所闻、所思，表达空间变得史无前例得广阔。要注意的是，新媒体使用者虽然有发布权，但并不是真正的媒体人，很少会深思熟虑，也不像传统媒体人般对道德、公义、社会利益等有成熟的思考。对比 20 世纪 80 年代以来中国纪录片界的新纪录运动和今天的全民拍客运动，我们可以发现，虽然二者有一些相似，但拍客只能说是为新纪录运动在今天的发展提供一种可能。

对比 20 世纪 80 年代以来中国纪录片界的新纪录运动和今天的全民拍客运动，我们可以发现，虽然二者有一些相似，但拍客只能说是为新纪录运动在今天的发展提供一种可能。

新纪录运动是一场艺术走向民间，边缘走向核心的运动。在新纪录运动中，最普通的人扛起了摄像机，甚至普通的村民变成了编导、摄像、记录者。拍客与之多么相似，然而今天的拍客所不具备的，恰是当年新纪录运动参加者的那种纪录精神和品格。

当年的新纪录运动寻求的是一种对主流纪录片话语的反叛，即从灌输式的纪录片走向纪录式的纪录片，把当时纪录片中高高在上的那些东西剥离出去。正如吕新雨所说，纪录片在中国的语境下是作为专题片的对立面出现的，这个词在八九十年代中国历史语境中是以反叛旧有的习惯方式获得意义的，它使得对纪录片的追求开始于一种共识，因为有一个共同的参照对象，共识便在另一个意义上结成同盟，反叛以共同的方式出现，运动得以形成。〔1〕

今天的拍客更多致力于游戏和娱乐，有研究者分析了优酷网、56 网中的点击量排在前 60 位的 120 个原创数字短片，发现以恶搞为主题的短片最多(39 个，占 32.5%)。这类数字短片大部分是通过对传统影片的剪辑，对其进行再配乐或配音，以达到反讽的效果；以爱情为主题的短片排到了第二位(21 个，占 17.5%)，但是这类片子大多有雷同的情节和表现手法；“真实记录”排在第三位(12 个，占 10%)，通过类似纪录片的拍摄手法，展现一种社会现象或生活轨迹。〔2〕换言之，对真实的纪录，至少在目前并不是拍客追求的最大的目标，这也是拍客与新纪录运动的一个明显差别。Web1.0 时代流行的一句话是：在网上，没有人知道你是一只狗。到如今，网络的虚拟性依然存在，但是以真实为诉求内容的个人网络也开始流行，如果能让拍客续接上“新纪录”的脉络，是否是对中国纪录片的一种影响？在视频恶搞、空乏的爱情咏叹之外，能否让技术力量推动民间拍摄者产

---

〔1〕 吕新雨.纪录中国：当代中国新纪录运动.北京：三联书店，2003：13.

〔2〕 董天策，昌道励.数字短片的青年亚文化特征解读——以优酷网和 56 网的原创数字短片为例.中国地质大学学报(社会科学版)，2010(11).

生一种人文观念的复兴?

2009年初,一场由互联网网友发起参与的志愿行动——新公民拍客运动在视频网站和社会公益团体的支持下展开,一批来自全国各地的热心拍客深入探访农民工子女生活和学习的社区,把影像记录上传到网上,引起了网友的广泛关注。安徽合肥拍客ENZOlyle的作品《蒲公英的春天》反映了一对坚强的农民工子女与他们以捡垃圾为生的残疾父亲相依为命的故事,该片于2009年2月23日20时被推荐到优酷网首页头条,截至次日晚20时,总播放量达24万次,网友纷纷鼓励困境中的兄妹并表达帮助的意愿。新公民拍客运动的发起人之一、北京拍客爱若干,则在开学之初拍下了自己在公立学校上学的女儿和在民工子弟学校上学的农民工子女的截然不同的学习环境,以《同在蓝天下,何日共享教育权?》为题,提醒观看者注意这一社会现实。

在爱若干拍摄的这段约10分钟的视频中,拍摄者以采访的形式进入,没有太多的铺垫,直接将自己女儿和一个外来务工人员的儿子半天的学校生活作了对比。作者用画面叙事,选取几个侧面,将公立学校和民工子弟学校的差别、城市户籍人口与外来人口的生活差异生动地体现了出来。这段视频给笔者印象最深的段落是两个学校的升旗仪式,在一段连贯的国歌的音乐声中,画面完成了从公立学校到民工子弟学校的切换。同一首国歌在两个教学条件迥异的学校播放,点出了“同在蓝天下,何日共享教育权”的主题。

在中国的城市化进程中,2000多万农民工子女跟随父母进城,成为流动儿童,他们身处城市社会的边缘,在教育、心理健康、道德养成、社会融入等诸多方面面临着一系列的问题;5800万农民工子女留在农村,成为留守儿童,他们与父母长期骨肉分离,在生活抚育、教育监护、安全保护等方面也面临一系列的问题。8000万农民工子女能否健康成长,融入社会,关系着中国

图:《同在蓝天下,何日共享教育权?》视频截图
拍客为中国新纪录运动提供了新的契机和可能,然而严肃的社会类题材并不是拍客视频的主流。

社会的和谐与未来。这个活动的目的在于让拍客成为志愿者,让志愿者成为拍客,用影像的力量推动社会关注农民工子女,传播新公民理念,促进社会和谐。

这次活动最后征集到 63 个视频,总时间长度超过 5 个半小时,这些视频在优酷网的点击量超过 2 万,虽然比不上某些个别火爆视频的点击量,但是它凸显了“新纪录”拍客的意义。拍客来自草根,要接近“新纪录”的标准纵然任重道远,但是并非没有可能。

拍客的未来向何处去，这是一个问题。互联网技术一日千里，亚文化形式瞬息万变。面对各种文化的互动、各种力量的牵扯、各种思想的碰撞，我们只能说，拍客给中国年轻人带来了诸多可能。如何将可能变为现实，取决于我们如何去做。拍客的未来只能在我们自己的掌中。

“拍”往何處

相机像枪支和汽车，是幻想机器，用起来会上瘾。2011年，网络流传着一张阿拉伯妇女玩自拍的照片：一群身着传统阿拉伯女性服装的女子在草地上头碰头围成一圈。当阿拉伯妇女都在玩自拍的时候，拍客已经成为了全球性的一种文化。当我们从以往的看客变为拍客之后，拍客的未来又路在何方？

图：网上流行的阿拉伯妇女自拍照
无论是实景自拍还是恶搞图片，这样的图片显示出，拍客已经成为一种全世界人都喜欢的生活方式。

作为一种文化现象，拍客的边界拓展已经很难使其维持单一亚文化的属性。我们不妨对拍客的发展做出这样的设想：在第一阶段，拍客较多地体现了其亚文化属性，玩拍客的人大多是年轻前卫的，他们组成自己的小圈子；在第二阶段，拍客扩大了自己的圈子，增加了社会性，跟进的人以此作为一种平台进行社会信息的传递，主流文化也参与了互动；到了第三阶段，拍客成为一种公共行为，更多的人以此表达自己，甚至并不意识到这是一种特立独行的行为，拍客已经融入普通人的生活。

总体来看，今天的拍客可以用这么几句话来概括：偏离主流——但是可能不够专业；崇尚娱乐——但是可能流于低俗；注重日常——但是可能过于琐细；讲究风格——但是往往内容空洞；特立独行——但是面临他人收编。拍客的未来之路在哪里？恰恰在这几个特点的发展、发挥之中。

今天的拍客可以用这么几句话来概括：偏离主流——但是可能不够专业；崇尚娱乐——但是可能流于低俗；注重日常——但是可能过于琐细；讲究风格——但是往往内容空洞；特立独行——但是面临他人收编。拍客的未来之路在哪里？恰恰在这几个特点的发展、发挥之中。

一、主文化吸纳亚文化

首先，拍客汇入主流表现为主流对拍客的理解。新兴文化形式的出现，都会对旧文化造成冲击。互联网不单是媒介，也是一个规模空前的社区，可以令数百万人的小贡献集合起来，可以令数百万人变得重要。有人说，互联网是传播界的核能，用得其所，是绝佳的资源，但用得不当，破坏力也将扩散至整个社会，会造成重大冲突。眼下，前互联网时代出生的人群在社会资源的掌握上占有优势，对年轻的网络一代容易采取压制手段。但是，伴随互联网成长起来的一代，拥有新观念和新观点，也是下一代的社会支柱，一切都不可逆转，两代人冲突下去，只会导致双输(lose-lose)。所以，目前主流文化的倡导者和使用者应该了解互联网文化，深入探讨互联网这个公共空间的意义、威力和作用，思考年轻一代的需要和价值观，建构和谐的新媒体生态。

主流文化显示出亲近姿态的表现为：各种传统媒体纷纷对拍客及其影像进行报道，传统电视节目和电视栏目采纳和使用拍客影像，国家级新闻网站在其网站上开设拍客专栏或拍客网页，等等。当然，主流文化不可能全盘复制拍客的内容，其吸纳是有选择的。2010 年腾讯网“中国人的一天”栏目里，一组名为《收荒娘的一天》的图片，从 3 月份发表到 7 月份赢得了 30 万次的点击量以及 6000 多回复。母亲拾荒 9 年，供两个儿子上大学；大儿子大学毕业去找工作之前，用一天的时间跟拍下母亲的拾荒生活，传到网上，以此表达感恩之心。许多网友称自己是含着眼泪看完这组图片的，而主流媒体也迅速介入，采访了拍摄照片的年轻人，也报道了母子之间的深情。国内著名公益组织“爱遍中国”，将这组照片编辑成短片在一些大城市的地铁上播放，以此宣传伟大的母爱。一组谈不上技巧甚至明显模糊的照片，为何引发网友的共鸣？“儿不嫌母丑，狗不嫌家贫”，在这个物欲横流的时代，这一品格显得尤为珍贵。现实生活中，很多子女抱怨父母不能为自己创造好的条件，很多人工作以后还要“啃老”。对于他们，治疗的良方就是让其体会父母的艰辛和苦心。这个社会问题成为传统媒体普遍关注这个拍客作品的契机。

其次，主流文化采用各种方法把拍客纳入其叙述频道。以各种民间影像为例，主流文化往往习惯于将其纳入“民生新闻”或者是普通民众舆论监督的范畴。

2007年2月，河南电视台八套公共频道开设了“DV观察”栏目，面向大众，广泛征集人间亲情、感人故事、民俗民风、家庭闹剧、邻里纠纷、街头骗局等新闻故事。该栏目的宣传口号是：“只要您拍摄到新鲜、有趣、好看、好玩的事件，赶快与我们联系，即可成为DV俱乐部会员，同时您就成为河南八套‘DV观察’通讯员。”目前，河南全省18个地市建立了该栏目DV俱乐部分部，加入俱乐部的DV通讯员在郑州市已经有200多人，在各地市的数量已经超过1000人。然而，究竟什么才算“新鲜、有趣、好看、好玩”的事件呢？通过梳理这个栏目播出的节目，我们可以发现，大量的视频都是关于市井生活的，诸如家庭纠纷、突发灾害、捉拿窃贼、民间奇人、整形美容等。这些播出内容也给其他拍客这样的提醒：按照这个套路去拍，就容易播出。其实这样的做法在互联网上也能看到，今天的门户网站几乎都有自己的拍客队伍，这样的“通讯员”群体拍的东西也大多如此。

此外，更多的拍客并不在意与主流媒体或者传播机构的合作，他们喜欢的只是拍摄、制作和传播自己喜欢的影像。在这样的情况下，主流文化一个有效的办法是找到其中“舆论监督”的成分。各种互联网平台在促进公民知情权、表达权、参与权、监督权等方面功不可没，追求真相，捍卫真相，也是新媒体发展的基本条件和价值取向，在这个方面，确实也有和主流文化相重合的地方。因此，很多时候“有图有真相”成为拍客合理性存在的证明，当然这需要坚守理性、客观、温和的立场。

很多时候“有图有真相”成为拍客合理性存在的证明，当然这需要坚守理性、客观、温和的立场。

再者是拍客主动迎合主流。任何一个时代的精英群体都要和大众保持一定的距离，发展出自己的文化代码，构筑自己的活动空间，营造自己的文化认同。这也构成了任何一个时代普通人向精英团体致敬、仰望并且努力接近的精神动力。而在很多拍客看来，获得主流文化的认可意味着合法性与正当性，也意味着更全面的关注和更大的影响力。

正像有研究者指出的，主流意识形态的媒介力量早已渗透到青年人的数字短片创作中，许多青年大学生的创作初旨，不是为了颠覆主流媒介的话语霸权，而是为了进入主流的媒介工业[1]。很多高校大学生群体拍摄的视频中都有着类似的字幕："此为本人的毕业作品，联系方式：XXXXXXX。"有些创作者则表现得更为直白："小弟还未找到工作，希望借此得到一个能够进入专业影视公司学习的机会。"可见，进入主流媒介生产体系仍然是很多拍客创作的目的。此外，今天很多拍客把自己的作品投放到各种各样的影像评比活动和艺术节，本身也是对主流的一种服膺。这些评比活动大多由专家担任评委，专家一旦介入，原本自发的创作活动也就变成了按照某种秩序排列的结果。

二、独立影像的崎岖之路

随着青年人教育水平的提高，知识群体在青年人中的比例也愈来愈高。当代年轻人怎样从忙碌的工作状态转向艺术的生活状态？做一个独立影像人或许是一种方案。拍客与主流文化冲突与妥协的结果，并非是简单的融合，拍客亚文化和其他影像文化也并非只是作为种种流派此长彼消，关键还在于拍客为中国当代影像发展提供了多种可能性。拍客中的一些骨灰级人物，已经实现了从低端的拍客向高端独立影像制作人的跨越。

独立影像在国外，是指有别于大的电影制作公司作品的个

〔1〕 曾一果.抵抗与臣服——青年亚文化视角下的新媒体数字短片.国际新闻界，2009(2).

人制作，或是小公司制作的作品；在我国，则是指在资金来源、拍摄前审批或在未来发行上有别于公映影片的影片。一般来说，今天用 DV 拍摄的电影，成本可以控制在几万元。而事实上，当年的斯皮尔伯格和彼得·杰克逊正是在自家院子用超 8 电影机自编、自导、自演了他们的第一部片子，中国现在的第六代导演如贾樟柯、娄烨等，也是以用 DV 拍摄个人短片起家的。在今天滔滔拍客大潮之中，也会诞生未来的电影和电视大师。

有了技术条件，更要有思想和理念。虽然 DV 带来了这种可能，但并不意味着所有拿起 DV 的人都成为了艺术家。尽管有不少靠近独立影像的拍客都怀揣这样的一个梦想，但是独立影像的创作要抛弃随意、琐屑等一开始玩影像的态度，除了要具备一定的影像基础知识外，还要有独特的领悟与表现，要学会主动地寻找素材而不是一味被动地记录，这样所呈现的作品才会是一件艺术品而不单是影像片断的集纳。当年意大利新现实主义实践者倡导“把摄像机扛到大街上去，发现和记录生活中的真实影像”，这种捕捉现实的冲动并不是简单的“开机即是”。对于绝大多数拍客来说，最重要的仍然是与他们生活相关的奇闻轶事。通俗化、平民化的视角弥补了公共媒体机构对一些事件报道的缺失，鲜活地演绎着现代社会的人生百态，但是拍客捕捉影像，主要是将触手可及的景象纳入镜头，这与独立影像还有很大的距离。

同时，从体制上看，在国内做独立影像的困难依然较大。首先，目前国内的电影生产和发行、放映体系并不支持独立影像。目前国内的院线放映的几乎都是大制作影片，高企的票价也使得包括独立影像在内的低成本电影无法在影院上映；其次，因为互联网版权制度的不健全，这些无法在影院上映的片子即使放到网上去，也很难保证收回成本；第三，因为题材的边缘和敏感，很多片子的信息只能在小圈子内沟通，这也使得独立影像很难在国内拓展其影响力。

如果从青年亚文化角度来看，国内的独立影像虽然面临重重困难，却一直保持着对现实的关注，目前，这些影像的分享大致有三种渠道：一是在网上分享影片信息和观影感受，比如在豆瓣网上有很多这样的小组；二是通过独立电影节获得信息，例如“中国独立影像年度展”自 2003 年在南京举办以来，通过放映、评奖、研讨、论坛、出版等活动，在国内外的专业领域产生了重要影响；三是通过小群体放映，这样的放映大多在高校或影像俱乐部进行。

从内容看，独立影像又可以分为纪录片和剧情片，其中独立纪录片因其与现实紧密的对话关系，尤其值得关注。自 1990 年吴文光拍摄《流浪北京》至今，中国内地的独立纪录片已经逐步发展出十分自觉的语言，保持着对当下社会忠实、细致的呈现和多方向的、颇有深度的思考。越来越多的中国独立纪录片得到各种电影节以及研究者的承认和关注。

独立纪录片获得自己的话语空间，来自于它们与传统电视纪录片、专题片不一样的拍摄、制作方法。由于主流电视新闻和专题片在表现历史和当下现实中存在空缺和剪裁，独立纪录片于是获得了题材。一些作品是在与体制内纪录片相竞争和对话中得到一种风格对比和话语力量，构成自己在美学形态和纪录片语言等方面的重要意义的。

虽然独立纪录片赢得了世界和中国的注意，但独立纪录片的经济运行却是短路的，处于一种几乎没有回报的境遇。这种经济上的困窘和尴尬与其作品和作者在中国和世界范围内的艺术成功和话语影响力形成巨大反差。2009 年 7 月，笔者在深圳华侨城创意文化园参加了一次观影活动，这次展映的是一位独立导演的处女作，具体的放映地点在文化园内的一个类似酒吧的地方。导演在放映前先介绍了他的拍摄动机和拍摄过程，在放映结束后又回答了观众的提问。每位观众需要付 20 元的费用，其中七成给导演，三成作为场地费用，现场一共 38 个人。那位拍摄者坦言，做个人影像完全是个人的爱好，靠这个无法养活自己。

因此，拍客的独立影像之路是一条崎岖的路。从几个镜头、几分钟的视频短片发展成几十分钟的视频长篇，不是简单的倍数关系。不过，随着互联网普及和网络影像的兴盛，习惯于经常看网络影像的人也越来越多，这为更多的独立影像的出现提供了人才和土壤。2010 年，中山大学学生谢文君完成了纪录片《正在消失的羊城》的拍摄。6 月 2 日晚，他把这部 40 分钟的短片上传到了羊城网上。片子很快被羊城网置顶到了首页头条的位置，讨论数很快达到了数百条；优酷网上这条片子则当晚便被播放了 1 万次。对于一部个人拍摄的纪录片而言，这样的数字在前互联网时代是不可想象的。

从几个镜头、几分钟的视频短片发展成几十分钟的视频长篇，不是简单的倍数关系。

图：《正在消失的羊城》视频截图

大学生既有时间，也有想法，他们是拍客中的重要组成部分。大学生创作的影像带有强烈的青年人色彩和明显的风格。

三、资本化的影像运作

斯图亚特·霍尔曾说过，青年亚文化是货真价实的东西和粗制滥造的东西的矛盾混合体：它是青年人自我表现的场所，也是商业文化提供者水清草肥的大牧场。[1] 所有的青年亚文化，包括20世纪60年代美国青年亚文化运动中的摇滚乐、爵士乐等，在它们最初出现的时候作为一种反叛性的文化实践，并不包含功利色彩，也没有被大规模地商品化。但这样的情况并没有持续太久，这些亚文化最终被吸纳到主流文化之中，成为主流文化中新颖的成分，并且与市场和商业结合起来，正如爵士乐和摇滚最终都褪去了边缘的反叛风格，成为西方音乐主潮中的一部分。从这个角度看，存在着一个收编的循环过程：有意义的风格由原生态的亚文化在街头产生，随之被所寄生的媒介产业剥削和恢复。[2]

商业化的收编并非完全将拍客带入死胡同，商业化同样意味着新的风格得到更多人的认可，意味着商业力量可以将拍客的某种风格延续下去，问题在于不能一味迁就资本的力量或者为了商业化而商业化。

其实，商业化的收编并非完全将拍客带入死胡同，商业化同样意味着新的风格得到更多人的认可，意味着商业力量可以将拍客的某种风格延续下去，问题在于不能一味迁就资本的力量或者为了商业化而商业化。2006年，当时在纽约大学读电影学的20岁女孩Bree在YouTube发布了一系列自拍短片，内容包罗万象，但都围绕这位相貌甜美又古灵精怪的才女的生活点滴。在其发布的第一段视频中，她紧张地眨着自己的眼睛，双臂环抱膝盖，说自己在"离超市几小时之远"的小镇里。在接下来的三个月中，几十段视频陆续上线，每隔几天更新一次。她开始讲述

[1] 转引自迪克·赫伯迪格. 亚文化：风格的意义(序). 陆道夫、胡疆锋，译. 北京：北京大学出版社，2008.

[2] 陶东风、胡疆峰，主编. 亚文化读本. 北京：北京大学出版社，2011：343.

自己过去的经历，说自己在新西兰度过了童年，被人认为有双"慵懒的眼睛"……美国主流媒体如《纽约时报》《时代周刊》《商业周刊》等纷纷加以报道，"lonelygirl15"迅速成为热门网络现象。事后有网友质疑，Bree的视频制作相当专业，疑似有专业团队在幕后操刀，后来果然证明"孤独女孩"是由制作公司一手推出的，意在尝试新型的艺术模式。消息公布后，热门依旧，更增加了不少慕名而来的观众，迄今其作品已达200多部。

图：lonelygirl15视频截图

从视频画面无法看出这个女孩后面有一个团队在运作。亚文化面临商业力量的收编，体现在一个个被资本控制的影像中。

亚文化在市场中被收编，主要原因是商业文化试图借助市场扩散亚文化的风格，使之离开产生亚文化的根源和土壤，从而把它纳入商业文化的势力范围。拍客影像若要占有市场，创作的宗旨则不能是完全的个人趣味，而必须紧贴商业化的媒介文化，以此获得更多的点击和关注。

网络点击量与商机是紧密联系的，因此，访问量越大的网站，所展示的影像被商业化的趋势越明显。以目前国内最大的视频网站优酷为例，该网站的拍客赏金奖励制度规定：将在所有参与"优酷拍客"活动的网友上传的视频中选取最具竞争力的佳作，分别推荐至优酷"首页头条""首页热点""频道头条""频道要闻"等位置上，在不同的位置，作者赢得人民币50至1000元不等的报酬。同时，这些报酬还可以叠加"编辑特别奖励"，例如，"总编奖"的要求为作品首发独家、内容独特新颖、时效性强、影响力大、拍摄剪辑优秀、画质高、工作认真负责细心。如达到以上要求，每条视频另奖励人民币1000元。

类似地，新浪网的拍客频道则每天公布给拍客颁发的奖金。同时，新浪还努力把部分拍客塑造成"明星拍客"，按照这些拍客为网站带来的点击量对其进行排名。截至2011年9月，排名前三的拍客已经为新浪贡献了超过6000万的点击量，而我们都知道，互联网讲注意力经济，点击量就是金钱。

表：2011年9月23—25日新浪网拍客频道公布的拍客奖金

20110925	直击翼装飞人穿越天门洞	钱进视频工作室	300元
20110925	市民举报逃税获一元巨奖	路上影像	300元
20110925	新疆小伙走全国宣传禁毒	伍歌工作室	200元
20110925	司机被四女围殴头破血流	早晨阳光	300元
20110924	温州高中生罢课群殴老师	如梦三下	200元
20110924	绝望男寻妻未果街头撕钱	3点14	200元
20110924	男子被两悍女街头扒衣	阳光拍客	100元
20110923	实拍重庆大水冲翻餐饮船	重庆拍客	1000元
20110923	猛虎被游客争骑表现淡定	伍歌工作室	300元
20110923	米卢将率老国足返沈阳	视频心凌	100元
20110923	司机高速上边开车边游戏	半角输入法	100元
20110923	九江红会疑捐小学废电脑	空前绝后	100元

在奖金的刺激下，一部分拍客的拍摄选题和手法发生了变化，类似于电视社会新闻式的拍客视频为网络媒体弥补了内容短缺的缺点。

事实上，涉及拍客内容的国内网站大多有类似的规定。在金钱驱动之下，围绕着网站周围的拍客也分化为两类，一类是冲着各种稿酬、奖励去的，另一类是偶尔为之或者自娱自乐型的。据笔者的调查，目前国内几个知名的视频分享网站，都和一批拍客签了协议，这批拍客或定期或独家为网站提供视频。拍客视频的点击量，可以转化为广告商投放广告的参考指标，这些影像也就成为了亚文化产业链中的一个环节。为了吸引广告商，创作者和网站运营者的行为往往不那么纯粹了。拍客本来可以给青年人展现自我的机会，而如今展现的目的却是迎合市场。

网上关于爱情的自制短片，其剧情和拍摄手法都非常接近于主流电影，这种叙述方式反而因为需要迎合市场而变得千篇一律。于是，数字短片的内容越来越失去原来的抵抗意义，越发靠近消费风格。商业文化对拍客亚文化的收编还体现在各种各样的商业性的拍客影像征集、影像比赛上。从早期的 DV 大赛到现在的微视频大赛，这些活动往往是器材厂家、媒体、广告商的共谋，拍客必须要打磨自己的棱角，按照比赛主办方的意志，才可能获得奖励。

网上关于爱情的自制短片，其剧情和拍摄手法都非常接近于主流电影，这种叙述方式反而因为需要迎合市场而变得千篇一律。于是，数字短片的内容越来越失去原来的抵抗意义，越发靠近消费风格。

约翰·哈特利在《创意文化读本》中指出，创意产业和政府的、工业的以及知识界的框架把非主流文化整合到一个商业的木箱里，而这个木箱正是创意产业的本身性质所抗拒的。[1] 在强大的商业力量的驱使下，拍客面临着被商业招安的巨大危险。本书前面提到的知名拍客非我非非我，在其出道之初基本上是一个业余的拍客爱好者，而到如今他已经成为了一个以拍客为手段的网络推手。据报载，苏紫紫的一脱成名就是非我非非我策划炒作的结果。2010 年年底，苏紫紫在就读的学校举办人体展览时，非我非非我利用自己拍客的身份，将展览内容及对苏紫紫的采访内容制作成视频发布到视频网站，通过自己的关系，使视频得到推荐，从而让公众迅速知道了这个 90 后的女大学生。随即在 2011 年年初，非我非非我约了多家媒体看苏紫紫表演了一场“鱼缸秀”的行为艺术，她全身赤裸着在鱼缸内上下起伏，做呛水状。苏紫紫和非我非非我之间有没有相关约定或协议，只有他们自己知道，但是拍客成为了一种商业力量已是不争的事实。

〔1〕 约翰·哈特利. 创意产业读本. 北京：清华大学出版社，2007：43.

四、玩我自己的

正如我们已经习惯了手机在身边的感觉，接下来我们将习惯相机在身边的感觉。

正如我们已经习惯了手机在身边的感觉，接下来我们将习惯相机在身边的感觉。套用麦克卢汉的说法，如果说手机原本是耳朵的延伸，那么，现在的多媒体手机已经成为感官的延伸，处理影像将成为年轻人一项基本的技能。一旦影像叙述变成了生活的一部分，那么这样的影像也将像生活一样，可能有大量的平淡的时刻，但是不时会冒出一些辉煌。

2008年10月，一集网友“自编自导自演”的山寨版《红楼梦》在网上流传，虽然该片制作粗糙、道具简单，甚至在背景中还有家人搓麻将的镜头，但一家人其乐融融演“红楼”的行为被多数网友追捧。该片的制作者“蜀山少侠”在采访中告诉记者，因为自己所学的专业以及家人对《红楼梦》的热爱，所以自己趁过年一家人团聚的时候拍了该片，没想到居然火了。自己拍摄山寨《红楼梦》的另一大原因是，当时热炒的电视剧《新红楼梦》很不对他的胃口，所以不如自己动手，大胆挑战所谓专业电视剧。这个山寨版的《红楼梦》最后一共拍了5集，基本上成了一种恶搞。此外，“蜀山少侠”还拍了恶搞《还珠格格》的《男版华丽丽还珠格格之小黑屋》等视频。这些片子都是拍摄者利用业余时间完成的，纯粹是为了好玩。

对比2010年第六次人口普查公报和中国互联网络信息中心第27次互联网发展状况统计报告（截至2010年底）等数据，我们发现，我国网民有4.57亿，与全国总人口13.7亿相比，约占1/3。网民中，29岁以下的占58.2%，39岁以下的占81.6%，也就是说，8成网民未到不惑之年。另外，上网发帖、回帖的，占网民数的31.7%，占全国总人口的10.6%，也就是说，约1成中国人经常在网上发声。可以想见，这些经常发声的网民，也正是

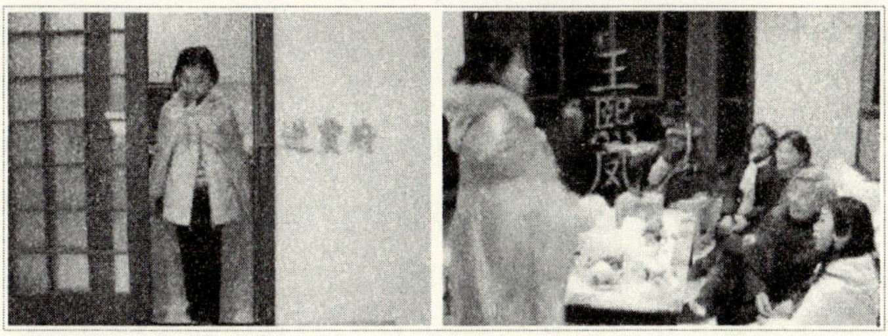

图：山寨版《红楼梦》视频截图
估计拍摄者也没有考虑到这段视频会在网上红极一时，民间的娱乐精神充分体现在了这个片子里。

拍客的主体或潜在的主体。互联网使用者年轻化的特点在短期内并不会改变，因此，我们有理由相信，拍客也将长期在互联网上“自言自语”。除了自拍《红楼梦》，他们还自拍了真人版的《阿拉蕾》、民间版的《金粉世家》，更有各种各样自己命名的 DV、DC 短剧。

传统的观点认为，亚文化有着与主流文化不同的价值取向，对主流文化采取抵抗、颠覆的态度。青年亚文化产生于青年对社会规则、制度特别是成年人对他们的压制的不满，青年亚文化还常常表现出对统治阶级霸权的反抗，特别是在社会存在阶级差别和对立的情况下或者转型期社会矛盾比较突出的时候，青年亚文化会表现出更加强烈的离经叛道的色彩[1]。但是，今天的青年亚文化已不再一味地冲击、颠覆或者破坏主流文化，在一定程度上，它已经成为青年群体表达自我、发泄自我的极其重要的方式和渠道。因此，我们需要正视网络青年亚文化，客观地评价和对待网络青年亚文化。

今天的青年亚文化已不再一味地冲击、颠覆或者破坏主流文化，在一定程度上，它已经成为青年群体表达自我、发泄自我的极其重要的方式和渠道。

“自言自语”是一种未尝不可的个人化影像。以往在公共空间出现的影像往往都要体现个人对历史、时代和国家的某种观照。草根的表达一直受制于庞大的产业和森严的制度。从图片

〔1〕 杨聪.浅析网络时代的青年亚文化.中国青年政治学院学报，2008(5).

到视频，拍客保持着业余和边缘，大量的自拍具有生活的细节甚至显得粗俗，充满了去明星化的亲和力。在拍客影像中，我们不难看到他们与传统主流影像迥然不同的题材、角度、技巧、风格、观念，这里不仅仅是年龄差距的问题，也许根本的差异还在于体验世界的方式与人生价值观的不同。这种被称之为另类的影像并不谋求大量的传播或者主流的认可，更多的即兴自拍默默地存在于每个人自己的电脑、博客和记忆中。另类的网络时代、另类的青年形象、另类的生存空间，为我们提供了另类的影像体验。

“自言自语”改变了人们的社交方式。以往我们把闲暇时间用来和朋友一起喝茶聊天，而现在我们以互联网为中介，每个人可以在自己的网络空间里放上自己拍摄制作的影像。我们或许会变得更加孤独，但是通过影像的互联网社交方式也增加了我们的相互沟通。如果说当年的报纸、广播、电视第一次使人们的诉求集中起来，那么今天的互联网又将人们的诉求分散开去。从精英话语到自言自语，个人化的影像将长期存在下去。

每一代人都有每一代人的青春，因而每一代人都有用自己的方式去描述青春的权利。青春话语、城市生活、网络空间这几大话题是拍客最关注的话题。心理学家卡尔·罗杰斯在20世纪50年代的著作《成为人》（*On Becoming a Person*）中指出：“在我们的闲暇活动里，被动的娱乐和严密组织的团体活动占绝对的支配优势，而创造性的活动却很少见……在个人和家庭生活中，同样的事也在发生。从我们所穿的衣着上、我们所吃的食物上，以及我们头脑里的想法上，都可以看到一种强大的整合趋势。要想新颖或与众不同，这会被认为是危险的。”[1]一方面，

---

〔1〕 Carl Rogers. On Becoming a Person：A Therapist's View of Psychotherapy. Boston：Houghton Mifflin，1961：348.

拍客的内容很多富有创新性，独具一格；另一方面，我们也看到很多拍客的东西简单重复，同义反复。如何在“自言自语”中加入创新性元素，是拍客未来的一个坎。

纵然各种影像在喧嚣一时后变成过眼烟云，拍客无法在主流的影像史上留下太多，但是这必然是他们或者我们每个人在成长过程中的一个印记。美好的生活是一种具有张力的生活，既强调个性，也需要包容。拍客的自言自语当然意味着被边缘化，但是谁又能说边缘化不是一种生活的态度呢？19 世纪 30 年代的西方社会，很多小规模的群体追求一种开放而个性化的生活，这种生活与当时整个工业社会所带来的市民社会的生活状态是相背离的。后来，这种新颖的生活方式借助艺术的方式被社会慢慢接受，这种风格的名字叫做波希米亚。发展到今天，波希米亚的符号和观念已经完全融入了西方生活之中。

当年法兰克福学派的阿多诺和马尔库塞甚至极端地认为，艺术与日常生活是格格不入的，需要用艺术来改造日常生活。在他们看来，只有高雅的艺术才能修补日常生活的空虚。站在这个立场上，我们批判拍客的浅尝辄止、虚拟情感、叙述模式化、运作商业化。当然，另一个事实我们也必须注意：在相当长的时间里，上述的一亿多人原来是青年人中沉默的大多数，他们的喜怒哀乐无法进入媒体得以呈现。网络媒体全方位地向他们敞开之后，参与公共空间的冲动与现代科技的支持不谋而合。虽然这其中有媒体的利益、资本的操控，但是青年人总可以想到各种方法躲避和抵制。为什么 YouTube 长期没有营利，那是因为其中大量的视频无法吸引广告商的注意，但这样的视频对于某些青年群体来说是有意义的。YouTube 要存在，必须正视这些没有商业价值的视频的存在，不然网站就会失去群众基础。而大量“自言自语”状态的影像和拍客的存在，又为某些影像的走红、某些拍客的成功提供了支撑。

为什么 YouTube 长期没有营利，那是因为其中大量的视频无法吸引广告商的注意，但这样的视频对于某些青年群体来说是有意义的。YouTube 要存在，必须正视这些没有商业价值的视频的存在，不然网站就会失去群众基础。而大量“自言自语”状态的影像和拍客的存在，又为某些影像的走红、某些拍客的成功提供了支撑。

五、不确定的未来

20 年前我们用电视看新闻，10 年前我们在门户网站和论坛上搜新闻，5 年前我们用博客写新闻，今天我们自己拍新闻，用微博传新闻。从看到搜，再到写、拍和传，整个社会信息的传播方式发生了强烈的变化。十几年前，当时的天涯、西祠、一塌糊涂、小百合等论坛，汇聚了中国互联网最初的草根群体，他们以最初的热情构筑了中国互联网文化的基础。五六年前，百度贴吧、豆瓣、饭否继续着互联网的精神，诞生了一批批的民间网络高手。两年前，微博得以从博客平台中脱颖而出……顺着这样的思路，我们可以发现，互联网上“各领风骚三五年”的现象十分明显。

正如当年红极一时的 PC 机在今天已经不是计算机的主流，亦如曾风靡一时的网络偷菜也逐渐为人们淡忘，很多拍客及其作品在流行一阵之后很快沉寂下来，甚至作为亚文化现象的拍客也可能在未来慢慢远离网民的视线，虽然不至于消失，但也可能被其他的亚文化所取代。到那时，拍客可能已经没有亚文化的元素和色彩，而变成我们普通人生活的一部分。作出这样的推断基于以下几个思路：

很多拍客及其作品在流行一阵之后很快沉寂下来，甚至作为亚文化现象的拍客也可能在未来慢慢远离网民的视线，虽然不至于消失，但也可能被其他的亚文化所取代。到那时，拍客可能已经没有亚文化的元素和色彩，而变成我们普通人生活的一部分。

1. 计算机世界的摩尔定律。著名的摩尔定律反映的是单位面积的芯片能容纳晶体管的数量不断增长的事实。我们更关心的是，随着新技术的发展，新的亚文化形式肯定会寄居在新的技术形式上。曾几何时，有人说未来人类的大拇指一定会变长，那是因为大家都在发短信，而现在又有人开始预言未来人的食指和中指要变长，因为我们都在玩苹果的产品。因为摄像头、照相机、摄像机的小型化，我们得以廉价而快速地占有大量影像，随着这一轮高潮历史性地过去，拍客也将像其他“客”一样，出现大规模的消退。那时年轻人会热衷玩什么呢？天晓得。

2. 网络世界的资本法则。新技术将带来新的热点和关注点，游走在现实世界和网络世界的资本一定要将大众的眼球吸引到新的形式上去。资本的本性在于增值，而不管通过什么途径。今天的拍客很多时候是资本用来获得人气从而实现增值的一大法宝，资本通过各种公关、营销手段让年轻人去拍，营造出一种“你不玩就 out”的氛围。有时，拍客让我们增加了彼此的互动，但更多的时候，它消磨了人们的时间。当我们发现拍客并不一定适合所有人的时候，我们必须做出选择。一旦我们认真思考，拍客现象本身也就得以祛魅，而资本必将抛弃拍客这个概念，奔向下一个营利的热点。

3. 视觉文化的传播特性。图像传播依然需要熟练掌握图像叙事的技巧和方法，从这一点看，一个拍客要保持自己的关注度或者网络认可度，不仅需要投入大量时间精力寻找拍摄内容，还需要不断提升自己的视觉叙事能力，现实情况是，有多少人能将业余时间放在这个上面？除了前述的独立影像爱好者非常执着之外，民间的拍客要在工作和生活之余关注社会生活，其专业性毕竟无法和专业的传媒人相比。因此，拍客在未来无法取代专业影像生产者，它的存在只能是专业影像之外的一种补充。

4. 亚文化的代际变化。发烧友总有退烧的时候，戏服终究要换下，妆容最后也要卸掉，当这一代人慢慢走向中年，谁能保证下一代还喜欢这个？你在年轻的时候可能抑制不住上传照片的激情，大量自拍，等到你的下一代呢？同样无法猜测。正如父辈在年轻的时候玩的东西我们不屑一顾，我们玩的东西，下一代也一定是不稀罕的。通过改变媒介，我们也在改变自己，等到大家在网上交流时使用影像和使用文字一样顺畅和平常之时，拍客也将归于寂寥。

结语

传统意义上的摄影，是为了留住影像记录，一定程度上承担的是记忆的功能。如今的拍客影像在记录的基础之上，更多地是介入、表达和分享。当一个人在拍摄、传播的时候，他个人的态度、思想和感情都体现其中，对现实的介入和表达同时存在。传统意义上的摄影，往往是独白式的表达，有时甚至是居高临下的；如今拍客的作品，则是浅浮雕式、对话式的，图片信息更加丰富甚至多义。两者从不同的视角关注同样的问题，以不同的方式参与公共生活，这既是一种进步，也对主流影像构成了强烈的冲击。我拍，就是我存在的证明，是我发出自己声音的方式。

2008 年 6 月，中国姑娘钱华从德州大学艺术专业毕业，来到纽约。作为一个由移民构成的国际大都会，纽约温和、开放、好客、包容，这些态度一下子吸引了她。拿起相机，钱华开始行走于纽约的大街小巷，很多陌生而热情的面孔闯入她的镜头。2009 年 3 月 10 日，钱华以 hxq051000 的网名，在天涯社区以《追赶着日子——在纽约活》为题，上传了自己拍摄的 60 多张照片。在帖子最前面，钱华说："生活在纽约，用照片记录些晴天雨天的心情。在这个城市里面我总是坐错车，看着地铁地图也不知道该哪站下。我记性不好，脑子里面总是断断续续的片段，关于青春的过去的。我也不知道大家都想看什么，就放些我拍的，都是我喜欢的，要是大家有什么要求，我也可以响应。乡亲们有钱捧个钱场，有人捧个人场。"

发帖的初衷是记录自己的生活，她没有想到的是，这些照片很快引来了天涯网友的关注，很多网友表示这让他们看到了另一个纽约。有人在跟帖中鼓励她“借此机会，整理相片，做些思考，让我们这些暂时无法去美国的人能够从一个角度看看美国。这就需要 LZ(指楼主)拍照片的时候动些脑筋了”。此后的一年里，钱华用自己的相机，拍了这座城市，也拍了自己的生活点滴，其中不乏抓拍、偷拍。通过坚持更新图文及与网友的互动，钱华让这个帖子的点击量超过了 50 万，被誉为天涯社区最唯美且在首页推荐的精品图文帖。

从照片看，因为受过专业的视觉艺术教育，钱华的照片有自己独特的风格，例如很多照片的人像都是背面或者侧面，很多城市的细节我们从未关注过，对不少跨文化的现象有自己的解释。于是，专业拍摄、青春视角、异域风情、长期更新，这些都构成了照片受到追捧的原因。网络人气的提升引来了出版社的关注，2011 年 7 月，四川出版集团出版了钱华的《纽约倾城》。钱华在题记中强调，这本书是图文随笔而不是导游手册，所有照片的拍摄完全跟着感觉走，只要镜头里面的人触动了自己的情绪，就会立即按下快门。图片旁边的文字说明，则是另一种形式的心境表达。

当做完整个分析和论述时，我们发现依然无法找出一个拍客的典型代表，也无法找到一个最接近于拍客作品的理想型(ideal type)。虽然笔者很欣赏钱华的这次拍客实践，但是她的例子也无法概括拍客亚文化的全部。当我们在探讨拍客这种青年亚文化的时候，其实它本身也在变化和流动着，或许这正是拍客作为亚文化的本质特点，五花八门的内容就是拍客本身，五花八门的内容就是社会本身，拍客及其影像再现了今天中国的社会关系。正如卡斯特在《千年的终结》一书中说的，“一个真实虚拟的文化，围绕着相互影响日益加强的视听宇宙被建构起来，渗透到每一处精神表征和沟通传播中，以电子超文本整合文化的丰富性”[1]。

本书以描述式和评论式的视角对拍客进行了探讨，进行了历史的、结构的和现象的分析，想让拍客这一社会文化现象在社会政治、经济、文化的脉络里得以立体地呈现。在特定的分析中，我们参照了文化人类学研究主位(emic)和客位(etic)的两种视角，既站在拍客的角度“让他们说话”，也站在接收者或者旁观者的角度“听他们分析”。我们没有忽视拍客自己的呐喊，我们慢慢走近了拍客的内心，去感受他的世界，去体验他的另类。拍客在拍，我们在观看的时候，也许未来的影像史将在这样的历史语境中逐渐生成。

拍客以网络为依托，因而更加迅捷，并且给青年提供了一种新的思维模式，使其对于日新月异的社会变革有着更强的接受能力。不同于传统媒介的单方接受，青年通过网络，以影像、符号等形式参与其中，表达自己的观点，获得更大的自由度，提高了他们的主体性与创造性。亚文化有着自身的组织表达，比如创造、维持和培养自己的共同体，同时也用自己的文化最大限度地进行活动。拍客也具有这一特征，他们以族群的形式存在，个人的行为可以在虚拟的世界中获得满足，从而形成对自己的支撑，拍客拍摄、传递的过程本身也是交往的过程。拍客对各种禁忌、边界的突破，虽然说触及了伦理的边线，但的确起到了拓展拍摄空间的作用，总体上来说是积极的，对过于僵化的传统影像表达也是一种平衡。只要受众的心理包容度足够大，完全可以领略到另一番天地的精彩。同时，青年人中文化素质较高、思维活跃的一部分人，作为网络青年亚文化的主要参与和创制者，可以很容易成为网络的舆论领袖，引领网络青年亚文化的潮流。

---

〔1〕 曼纽尔·卡斯特. 千年终结(前言). 北京：社会科学文献出版社，2003.

任何事物都有两面性，当拍客的积极效应被不断放大的时候，同时存在的侵犯隐私的问题、伦理问题等负面影响始终引发争议。因为全民拍客现象的形成，无时无地的拍和被拍对个人隐私的保护造成极大的威胁。还有一些拍客作品中呈现出过于血腥、有违伦理道德的影像，在某种程度上对受众造成图像暴力，这是拍客最受人诟病的问题。在这种情况下，就需要有一个平衡的机制。某一类作品都具有其一定场合下的合理性，将它的存在划定在特定的区域中，而不随意地扩散、放大开去，这就需要主流的媒体和媒介平台有一定的把握和控制，在传播的环节上进行筛选、甄别。当然，一些拍摄者自身存在极端心理，尤其是受到利益驱动后，故意制作出耸人听闻、震惊大众、吸引眼球的内容，这样的行为更不可取。这些问题对拍客提出了自我约束的需要。

本书较多地探讨了拍客这种亚文化的合理性，试图分析这种亚文化给社会带来的种种可能。然而，包括拍客在内，网络青年亚文化的存在对青年所产生的消极影响同样是不可忽视的。美国研究者安德鲁·基恩指出，互联网上“高贵的业余者”可能会“用无知代替经验，用浪漫主义的幻想代替启蒙运动以来的智慧和常识……我们在授予业余者权力的同时，削弱了贡献传统智慧的权威专家的权力”[1]。另外，亚文化的存在使得青年对主流文化更加疏远与对立，在价值选择之中往往会误入歧途，产生价值偏倚，无法正确地定位自己、描述社会。尤其在现今多元文化的背景之下，各种价值观念的差异甚至是冲突，使青年人在思想上产生焦虑，从而对主流文化产生怀疑与反对。背弃主流文化随之而来的极有可能是道德的迷失，在亚文化之中，青年人

〔1〕 安德鲁·基恩.网民的狂欢——关于互联网弊端的反思.海南：南海出版社，2010：35—42.

往往过分地追求自我展示以及特立独行，这使得个人己欲膨胀，缺乏与传统之间的沟通与理解。因此，拍客的未来会怎么样，本书无法完全预测，其实它的走向更取决于每一个实践它的人。

有关拍客的不完全大事记

法国发明家约瑟夫·尼埃普斯拍摄了世界上第一张照片。 1826 年

法国人于勒·艾吉尔作为贸易团长随大使来到中国，为当 1844 年
时清政府五口通商大臣耆英照了相片。摄影术传入的前 50 年，
中国的摄影以照相馆人像为主。

留日学生任景丰在北京大栅栏开办了泰照相馆。 1892 年

欧阳慧锵出版《摄影指南》，旨在服务摄影爱好者。 1923 年

Lomo 相机在苏联诞生。 1950 年

日本 JVC 公司推出了第一台家用型的摄像机，使普通人的 1976 年
拍摄梦成为可能。

“四五”事件中，一批年轻人以自己的视角记录下了当时天安门广场悼念周恩来的情况，他们几乎都不是专业的摄影记者。

索尼公司发明了世界上第一架不用感光胶片的电子静物照 1981 年
相机——“马维卡”照相机，这是当今数码照相机的雏形。

吴文光拍摄独立纪录片《流浪北京》。 1990 年

索尼公司推出了最早的 DV 机——DCR-VX1000，随之而来 1995 年
的是 DV 在全球的走红，因为比起胶片来，数字视频不仅拍摄成
本要低得多，而且便于后期剪接。

2000 年 9 月，夏普联合日本移动运营商 J-Phone 发布了一 2000 年
款内置 11 万像素摄像头的手机，这是历史上第一款具有拍照功
能的手机。

2000 年，批评家杨小彦写下《傻瓜机：对摄影的谋杀》一文。

2001年　2001年10月，《纽约时报》专栏撰稿人、美国最早的摄影博客博主大卫·格拉格(David F. Gallagher)收到了一封来自北京的拍客温凌的热情洋溢的信。温凌告诉大卫自己也有一个图片网站，那里记录了北京年轻人的生活。

2002年　2002年初，凤凰卫视开始举办“中华青年影像大展——DV新时代”。

2003年　网络小胖在网络上火爆。

从2003年的南亚海啸开始，各国的“公民记者”在网上崭露头角。

2004年　2004年2月12日英国《卫报》的一篇文章中第一次提出了播客的概念。

从2004年1月5日起，竹影青瞳在天涯虚拟社区的个人博客上实时更新自己的裸照，一个月内点击量飙升到13万多。

芙蓉姐姐从2004年开始在水木清华BBS上发布大量照片，受到大量网友的揶揄和嘲讽，也因此出名。

2005年　2005年4月15日，中国第一个播客网站土豆网正式上线。

2005年5月，拍客天下(Fzone.cn)在中国率先提出拍客概念。

2005年12月，dodolook申请了自己的视频博客，并不断发布自己制作并主演的一些搞笑短片。美丽、可爱的形象加上充满无厘头精神的动作、语言设计让她一炮走红。

2005年7月，广州美术学院两男生翻唱美国时尚组合后街男孩歌曲的视频在网上走红，他们被冠以“后舍男生”的称号。

2005年，全球照相手机的销量已经达到3亿台。

2006年　2006年2月，网上流传着穿着高跟鞋的女子残忍虐杀一只小猫并以此为乐的全过程的视频和图片。网民们在网络上展开了空前的寻找，在6天时间内迅速从茫茫人海里锁定了踩猫者、视频和图片的拍摄者和被怀疑的幕后策划者。

lonelygirl15 堪称 2006 年最热门的 YouTube 名人。在纽约大学读电影学的 20 岁女孩 Bree 发布了一系列自拍短片，内容包罗万象，但都围绕这位相貌甜美又古灵精怪的才女的生活点滴。“孤独女孩”后被证明由某制作公司一手推出。

2006 年 8 月 9 日，“雅阁女”上传了视频《蛮横白领美女自述：我开本田砸你破车》，随后引发了几乎整个网络对“雅阁女”的讨伐。

成立于 2005 年的 YouTube，被 Google 于 2006 年 10 月 10 日以 16.5 亿美元并购，再度上演互联网时代技术变资本的事件。

2006 年末《时代》周刊在评选年度人物时选出的人是“You”。

2007 年春节期间，来自泸州的小伙子陈维实和他的家人“自编自导自演”的山寨版《红楼梦》在网上流传，虽然该片制作粗糙、道具简单，但一家人其乐融融演“红楼”的行为被多数网友追捧。 2007 年

2007 年 3 月 4 日，优酷网友以手机直播的形式记录了沈阳大学的场景，该视频短片被中央电视台《社会记录》栏目作为素材采集，取得了极佳的传播效应。

重庆一个被挖成 10 米深大坑的楼盘地基正中央，孤零零地立着一栋二层小楼。2007 年 3 月 22 日，一位网友将在工地现场拍摄的“钉子户”照片发到网上，照片被各网络论坛转帖，并很快成为各论坛热议的话题。

2007 年 7 月，优酷网上出现了一个 32 分钟的短片——《两个傻子的爱情故事》，片子在一周之内被国内各大视频网站转载，获得了很高的点击量。

2007 年 8 月 14 日下午 5 点 20 分，全球第三、中国第一高楼——上海环球金融中心起火，优酷网友 seehots 独家捕捉到

现场视频，第一时间上传到优酷网站上。之后几小时内，这条视频新闻被多家网站竞相转载，并推荐为首页头条。

2007 年 8 月 30 日，一段名为《移民美国的山西矿主女儿来显摆》的视频在国内某视频网站上首发，在这段由照片组成的视频中，一个自称是山西大同矿主女儿的网友，描述她是个 90 后，已经移民到美国三年，她用了大量的别墅、跑车、名牌衣物等照片来展示自己的品位生活。

2008 年

2008 年 8 月，首款具备高清视频拍摄功能的单反数码相机尼康 D90 发布。就在 D90 发布后一个月，佳能发布了新的全画幅单反数码相机 5D Mark II，这款被称为“无敌兔”的产品拥有拍摄分辨率高达 1920×1080 的全高清视频拍摄的功能。

2008 年新年伊始，由网友奇拿在网络上发布的一系列关于陈冠希和张柏芝、阿娇等女艺人之间的自拍艳照和其他图片，在网上广为流传。

2008 年 3 月 24 日，一个网名为赤裸特工 F.B.I 的女白领，在自己的博客里上传了多组自己的裸体照片。博主自称，这些图片都是被 PS 过的私密图片，专为献给浏览博客的网友。

四川汶川地震发生之时，一位网名为 danta1990 的网友用手机记录下了位于学校宿舍六层的地震现场，并于当日 14 时 55 分 46 秒在土豆网发布视频《成都地震》，引起公众广泛关注。

西单女孩真名任月丽，是一位在西单地下通道卖唱的女孩。2008 年 12 月 20 日晚，网友非我非非我路过西单地下通道，录下其演唱的半首《天使的翅膀》，后于 12 月 25 日将视频上传于新浪播客。

2009 年

2009 年初，一场由互联网网友发起参与的志愿行动——“新公民拍客运动”在视频网站和社会公益团体的支持下展开，一批来自全国各地的热心拍客深入探访农民工子女生活和学习的社区，把影像记录上传到网上，引起了网友的广泛关注。

2009 年 12 月底，一位号称“励志哥”的网友最先在猫扑发帖曝自己各种自拍，从照片中可以看到，“五官协调性不强”且身形肥硕的励志哥身边总有一位皮肤白皙、模样俊俏的美女与之动作亲密、大秀恩爱。

从 2009 年夏开始，中央电视台的《人与社会》栏目把周六的节目定名为“民众影像”，节目全部采用拍客的内容。

2009 年 3 月 10 日，钱华用 hxq051000 的网名，在天涯社区以《追赶着日子——在纽约活》为题，上传了自己拍摄的 60 多张照片。此后的一年里，钱华用自己的相机，拍了这座城市，也拍了自己的生活点滴，通过坚持更新图文与网友互动。

2010 年

2010 年 1 月 1 日，腾讯网推出了“中国人的一天”栏目，要求网友拍摄自己或者别人一天的生活记录。

2010 年初，蜂鸟网上的一组照片让犀利哥在网上流传。犀利哥实为宁波街头一名乞丐，网友疯狂追拍、追捧其实有违理性。

2010 年，中山大学学生谢文君完成了纪录片《正在消失的羊城》的拍摄。

2010 年 8 月，一名男青年在上海地铁列车进站时突然跳到轨道中间，完成了一次 50 秒卧轨自拍。

2010 年 8 月 8 日凌晨 3 点 23 分，一个名叫 Kayne 的网友，在新浪微博上率先发出了关于舟曲泥石流的信息，仅仅几个小时，该信息就被转发了 5000 多次。

主要参考文献

迪克·赫伯迪格.亚文化:风格的意义.陆道夫、胡疆峰,译.北京:北京大学出版社,2009.

道格拉斯·凯尔纳.媒体文化——介于现代与后现代之间的文化研究、认同性与政治.丁宁,译.北京:商务印书馆,2004.

曼纽尔·卡斯特.认同的力量.北京:社会科学文献出版社,2003.

阿雷恩·道尔德温,等.文化研究导论.北京:高等教育出版社,2004.

尼尔·波斯曼.技术垄断.北京:北京大学出版社,2007.

陶东风、胡疆峰,主编.亚文化读本.北京:北京大学出版社,2011.

安吉拉·默克罗比.后现代主义与大众文化.北京:中央编译出版社,2001.

约翰·哈特利.创意产业读本.北京:清华大学出版社,2005.

罗刚、顾铮,主编.视觉文化读本.桂林:广西师范大学出版社,2004.

约翰·伯杰.影像的阅读.台北:台湾远流图书出版公司,1998.

吉姆·麦克盖根.文化民粹主义.南京:南京大学出版社,2001.

詹明信.晚期资本主义的文化逻辑.北京:三联书店,1997.

吴琼、杜予,编.上帝的眼睛　摄影的哲学.北京:中国人民大学出版社,2005.

本雅明.机械复制时代的艺术作品.杭州:浙江文艺出版社,2005.

安东尼·吉登斯.现代性的后果.南京:译林出版社,2000.

克里斯蒂安·麦茨,等.凝视的快感——电影文本的精神分析.北京:中国人民大学出版社,2005.

图片来源

1. 第 8 页，莱蒙德所摄的清代人物肖像，http：//www.picturechina.com.cn/bbs/viewthread.php? tid=156920&extra=page%3D1；

2. 第 9 页，《摄影指南》封面与作者像，http：//www.camgle.com/thread-231436-1-1.html；

3. 第 19 页，温凌，http：//bjqn.ynet.com/article.jsp? oid=7508537；

4. 第 22 页，《珠海最牛大楼外墙空调多得夸张》视频截图，http：//v.youku.com/v_show/id_XMTk5ODE4ODc2.html；

5. 第 27 页，自拍的影像，来源：作者学生的照片，经过当事人授权；

6. 第 30 页，杨子浩，http：//image.baidu.com/i? ct=503316480&z=0&tn=baiduimagedetail&cl=2&cm=1&sc=0&lm=-1&fr=ala2&pn=1&rn=1&di=18265368360&ln=2000&word=%D1%EE%D7%D3%BA%C6#pn6&-1&di71813738835&objURLhttp%3A%2F%2Fwenwen.soso.com%2Fp%2F20110208%2F20110208182749-1600966137.jpg&fromURLhttp%3A%2F%2Fwenwen.soso.com%2Fz%2Fq263872932.htm&W456&H565；

7. 第 32 页，Lomo 照片，http：//www.cpanet.cn/news/lomo/images/d/000011.jpg；

8. 第 34 页,《外滩老人》视频截图,http://www.qzwb.com/gb/content/2008-01/14/content_2698069.htm;

9. 第 37 页,网上的各种拍客拍摄的搞笑图片,http://www.kbcool.com/read-htm-tid-2546341.html;

10. 第 38 页,"瞎拍"的微博,http://weibo.com/cutttt;

11. 第 45 页,央视《人与社会》2010 年 2 月 6 日的"民众影像"截图,http://bugu.cntv.cn/life/humanities/renyushehui/classpage/video/20100206/101155.shtml;

12. 第 63 页,《急救车,你在哪里? 如此出车速度令人愤慨》的视频截图,http://v.youku.com/v_show/id_XMTA3NTg4NDQw.html;

13. 第 71 页,《西单女孩》视频截图,http://v.youku.com/v_show/id_XMjAyNzUxNzgw.html;

14. 第 71 页,猫扑视频页面截图,http://tt.mop.com/topic/list_3_0_0_0.html;

15. 第 72 页,《偷拍消毒餐具震撼清洗过程》的一张照片,http://club.life.sina.com.cn/viewthread.php?tid=611255&page=1#pid2288699;

16. 第 73 页,微博博友发布的骆家辉履新途中的照片,http://weibo.com/adsagetang;

17. 第 75 页,台湾版《三个傻瓜》视频截图,http://v.youku.com/v_show/id_XMjY5MjEwODUy.html;

18. 第 83 页,Lauren Peralta 给自己拍的照片,http://www.flickr.com/people/laumichelle/;

19. 第 85 页,《天使奶奶》视频截图,http://v.youku.com/v_show/id_XMjI2Nzc2NDg=.html;

20. 第 89 页,"清剿火患战役拍客在行动"的博客页面,http://blog.sina.com.cn/001cctv;

21. 第 92 页,“旭日阳刚”视频截图,http://v.youku.com/v_show/id_XMjM2OTkxNTgw.html;

22. 第 94 页,《苏州撑伞女孩》,http://gongyi.ifeng.com/news/detail_2011_08/19/8528383_0.shtml;

23. 第 128 页,单反相机应用在电影拍摄中,http://blog.p5w.net/forum.php? mod=viewthread&tid=425003;

24. 第 134 页,《同在蓝天下,何日共享教育权》视频截图,http://v.youku.com/v_show/id_XMTA3NTg4NDQw.html;

25. 第 137 页,网上流行的阿拉伯妇女自拍照,http://travel.ifeng.com/pictures/gossip/detail_2011_08/22/8578377_1.shtml;

26. 第 143 页,《正在消失的羊城》视频截图,http://v.youku.com/v_show/id_XMjc0NTE0MDQw.html;

27. 第 145 页,lonelygirl15 在 YouTube 网站上的页面信息,http://www.tudou.com/programs/view/-5cHM4d9cy8/?fr=rec1&FR=LIAN;

28. 第 149 页,山寨版《红楼梦》视频截图,http://v.youku.com/v_show/id_XNDg0NTExNjg=.html。

后记

大约25年前，在我父亲与他同学的一次旅游聚会上，我第一次看到了摄像机，现在回想起来，大约是VHS的机器。摄像机被扛在肩膀上，扛着的人也显得无比神气。“能让你上电视”，这在当时对于一个孩子来说，是多大的诱惑！因为摄像在那个年代完全是和电视台联系在一起的。13年前，我用大学一年级的奖学金买了人生第一台单反相机，当时还是用胶片的。如今青年人手上的相机五花八门，数码单反也成了平民化的影像利器。

技术的发展总让人目不暇接，而因为专业的原因和个人的爱好，我常常在想:这个时代的影像到底和以前有什么不同？带着这个问题，我去阅读理论书籍，观看老电影，查阅老照片，我比较了法兰克福学派偏向悲观的立场和文化研究学派的睿智态度，也梳理了中国近代以来影像的生产机制。承蒙马中红老师领衔的“新媒介与青年亚文化”课题组不弃，给了我这样一个机会，得以从拍客角度切入，探索当代影像与社会的关系。

领命以来，我抱着学习的心态进入这个话题，在大量的网络浏览之后，试着用亚文化的理论来剖析拍客文化。在研究过程中，我抛弃了学院派的习惯性倾向，试图发现当代拍客、拍客影像和拍客文化的合理性，同时也针对拍客存在的问题做了分析。最终，我发现，因为时代和国情各不相同，今天中国的拍客亚文化并不能完全续接上当年文化研究学派的脉络，中国的拍客亚文化正是中国政治经济文化语境下的产物，它通过具有特殊风格的话语体系和表述方法，提醒我们注意主流文化没有关注到的某些区域。因为保持着与主流文化的对话关系，拍客亚文化也在这一过程中不断变化发展，呈现出某种连续的光谱。

任何一种定义和分类都是对所描述对象的一种简略勾勒。拍客现象的复杂性最终超越了亚文化的理论而进入了更加宽阔的文化社会学领域。在这个意义上，本书不足的是没有能够对中国有代表性的拍客做系统性的调查访问。因为时间和精力问题，我仅对个别拍客做了访问，而对更多拍客的作品只进行了文本分析。

最后，我要感谢课题组所有师友的信任和指点，感谢为本书的编辑出版而付出辛勤劳动的吴培华、沈海牧、李寿春等老师的帮助。

作者

2011 年 10 月